Klaus Heinrich Kohrs · Anton Bruckner. Angst vor der Unermeßlichkeit

Klaus Heinrich Kohrs

Anton Bruckner

Angst vor der Unermeßlichkeit

wolke

Zweite, ergänzte Auflage 2024

Wolke Verlag Hofheim 2024
Coverabbildung: »Der Mond mit seinem Hof«, aus: Julius Payer,
Die österreichisch-ungarische Nordpolexpedition in den Jahren 1872–1874, Wien 1876.

ISBN 978-3-95593-150-6

www.wolke-verlag.com

Inhalt

Augustinus Franz Kropfreiter in memoriam

I. Einleitung

»Alles hat seine Grenzen. Bruckner liegt jenseits, über seine Sachen kann man nicht hin und her, kann man gar nicht reden. Über den Menschen auch nicht. Er ist ein armer verrückter Mensch, den die Pfaffen von St. Florian auf dem Gewissen haben.«[1] Mit diesen Worten reagiert Johannes Brahms am 12. Januar 1885 auf den wiederholten Versuch der von ihm sehr geschätzten Pianistin und Komponistin Elisabet von Herzogenberg, ihm ein Urteil über seinen Wiener Komponistenkollegen zu entlocken. Die noch einigermaßen junge, begabte Dame war durch die Leipziger Uraufführung von Bruckners *VII. Symphonie* am 30. Dezember in Unruhe versetzt worden – und nun wollte sie gerne das in ihren Kreisen geltende ästhetische Urteil bestätigt sehen. Zu keinem Sachargument läßt Brahms sich herab, sei es aus Indolenz, sei es aus nicht eingestandener Scheu. Sein Urteil aber über den Menschen reißt schlaglichtartig eine unüberbrückbare Kluft auf zwischem dem ins gehobene Bildungsbürgertum integrierten Brahms, in dessen Arbeitszimmer über dem Schreibtisch ein Reproduktionsstich der *Mona Lisa* und über dem Sofa (exakt mittig) ein Stich der *Sixtinischen Madonna* hing,[2] und dem gesellschaftlich nur schwer einzuordnenden Bruckner, in dessen karg möblierter Wohnung sich hinter einem grünen Vorhang ein Foto der toten Mutter auf dem Sterbebett verbarg.

Bildungsideale und -signale der Brahmsschen Art waren Bruckner fremd. Hätte er ein »Kulturexamen« in Philosophie, Geschichte und deutscher Literatur der Weimarer Klassik, wie es 1873 Bismarck zu Zeiten des »Kulturkampfes« für die katholischen Theologiestudenten im Deutschen Reich eingeführt hatte, bestehen müssen – er wäre gescheitert. Aber das Augustiner-Chorherrenstift St. Florian, allein schon aus seiner Ordens-Verfassung heraus alles andere als ein Ort dumpfer mönchischer Gesinnung, hatte ihm mit großen Themen einen Bildungshorizont eröffnet,

1 Kalbeck 1912, 408.
2 Fellinger 1911, 28, 29.

der Einbildungskraft und Denken bis an die äußerste Belastungsgrenze forderte: Hier war der Ort der Vergegenwärtigung einer alljährlich in der Liturgie der Karwoche sich erneuernden Leidens- und Heilsgeschichte Christi, der Allgegenwart des Todes und des versuchten Vorausblicks in eine unausdenkbare Unermeßlichkeit jenseits unserer Zeit. Die Strukturlogik von Bruckners künstlerischem Handeln verdankt sich der nicht stillzustellenden Krisendynamik, die ein solcher Horizont eröffnet. Davon soll in diesem Essay die Rede sein. Er konzentriert sich auf dieses allerdings für zentral gehaltene Thema und beläßt viele andere Facetten von Persönlichkeit und Werk im Hintergrund. Die c- und d-moll-Symphonien, mit denen Bruckners Œuvre beginnt und schließt, stehen im Mittelpunkt. Eine wichtige künftige Aufgabe wäre der Versuch, die Dur-Symphonien, insbesondere die einzigartige *VII. Symphonie*, in den hier skizzierten Horizont zu stellen.

Wie wenig hilfreich für ein solches Vorhaben das Erinnerungsberichts- und Anekdotenwesen ist, das August Göllerich mit seinem gut gemeinten, im Resultat aber fatalen Aufruf von 1902 an alle, die mit Bruckner in Beziehung gestanden hatten, mächtig beförderte, weiß jeder, der sich mit der Materie befaßt hat. »Kaum sonstwo ist das biographische Material ein so kärgliches wie bei diesem Einsam-Grossen. Möge daher jeder, der es kann, mithelfen, dem Tondichter, der von allen am meisten erlitten, ein Denkmal treuer Erinnerung zu erbauen!« Das sind die Kernsätze von Göllerichs Aufruf.[3] 80 Jahre später hat Manfred Wagner einen ersten Versuch unternommen, die zuckergußartige Hülle zu durchstoßen, die durch Göllerichs Initiative und seinen (und Max Auers) Umgang mit den so gewonnenen Materialien um Person und Werk gebildet worden war. Aber im Eifer der »Entmythologisierung« bestrafte der Autor Bruckner für das, was seine Verehrer post mortem über ihn gesagt hatten. So wurde aus dem kindlich naiven, herzensguten und weltfremden Künstler der listige Stratege im Gewand des Sonderlings und der Opportunist, der z. B. sein *Streichquintett F-Dur* allein aus strategischen Gründen schrieb,

3 Grasberger/Partsch 1991, 9.

um seinem Vorgesetzten, dem Hofkapellmeister und Quartett-Primarius Hellmesberger, zu gefallen.[4]

Dieser Essay kehrt nun noch einmal, und konsequenter als Manfred Wagner es getan hat, der durch den Abdruck von Zeitungsberichten und Nachrufen den Anekdoten hinterrücks wieder Eingang verschaffte, zum ›kärglichen biographischen Material‹ zurück, das sich so disproportional zum musikalischen Material zu verhalten scheint. Ermutigend wirkt hier Elisabeth Maiers vorbildlich kommentierte Edition der Notizkalender, für die sie den so überaus treffenden Titel *Verborgene Persönlichkeit* gefunden hat. Bearbeitet werden nur authentische »Ego-documents«: die Briefe, eben die Notizkalender, das Testament und sein Kodizill sowie Texte und Konstellationen, auf die diese Dokumente eindeutig verweisen. Einzig zwei zuverlässige Vorlesungsmitschriften (eine frühe von Rafael Loidol und eine späte von Ernst Schwanzara) werden gelegentlich herangezogen. Die genaue Lektüre des Wenigen aber führt erst dann zu wirklichen Aufschlüssen, wenn Strukturhomologien mit dem kompositorischen Werk identifiziert werden können. Umgekehrt gilt das auch für das Werk. Wechselseitige Strukturerhellung ist das – ideale – Ziel. Leitbegriff ist die Krise.[5]

Verstörung und Affirmation sind fundamentale, in einem Komplementärverhältnis stehende Begriffe, die im hier unternommenen Versuch der Rekonstruktion von Krisen eine zentrale Rolle spielen. Ihre Balance bleibt, wie gezeigt wird, prekär. Verführerisch könnte da ein von mindestens fünfzehn Autoren[6] mehr oder weniger bedenkenslos zitierter Passus aus einem Brief Bruckners von 1874 wirken, den es nie gegeben hat: »Weil die gegenwärtige Weltlage, geistig gesehen, Schwäche ist, flüchte ich zur Stärke und schreibe kraftvolle Musik, und dies kräftigt mich selber. Sonst aber betrübt mich Europa sehr.« Dreist erfunden hat ihn 1956 ein Max Leyrer, österreichischer Schriftsteller, der in einem an abgelegener Stelle erschienenen Bruckner-Essay von einer »allen germanischen

4 Wagner 1983, 133-135. Dazu Grasberger/Partsch 1991, 227.
5 Zu Begriff und Funktion der Krise grundsätzlich Oevermann 2016.
6 Laut Suchergebnissen auf https://books.google.de/.

Stammeselementen eingeborenen deutschen Sendung« schwadroniert, bevor er diesen Satz zitiert, den er in einem Brief Adalbert Stifters vom 17.12.1860 an Gustav Heckenast gefunden und leicht abgewandelt hat: »Weil die gegenwärtige Weltlage Schwäche ist, flüchte ich zur Stärke und dichte starke Menschen, und dies stärkt mich selbst. Sonst aber betrübt mich Europa sehr«, schrieb Stifter.[7]

Ein anderer Schwadroneur, Hans Sittner, hat den Satz 1964 in der Festschrift für Leopold Nowak zitiert,[8] und von dort hat er seine Karriere angetreten. Niemand hat sich darüber gewundert, daß und wie hier Bruckner, ganz singulär innerhalb seiner spärlichen Selbstäußerungen, diagnostisch zur Weltlage Stellung bezogen haben soll. Peter Gülke zeigte sich 1989 fasziniert von der »aufschlußreichen Paradoxie ›ich flüchte zur Stärke‹«.[9] Albrecht Dümling befand zehn Jahre später in seinem Aufsatz »Der deutsche Michel erwacht«: »Dieses Bekenntnis des Komponisten aus dem Jahre 1874 mußte Hitler aus der Seele sprechen«.[10] Und Jürgen Blume begann 2001 seinen Aufsatz »Bruckners Einfluß auf die Kirchenmusik des 20. Jahrhunderts« umstandslos mit dem Zitat des Satzes, an das er die kühne Bemerkung anschloß: »Knapper kann man die Weltanschauung und Ästhetik Bruckners nicht auf den Punkt bringen: Musik ist für ihn nicht Spiegelbild der Realität, sondern ein glühendes Glaubensbekenntnis zu dem allmächtigen Gott«.[11] Diese kleine (erweiterbare) Horror-Revue aus rassistischen, psychologisierenden, politisch-ideologischen, ästhetischen und religiösen Vereinnahmungen mag einen Eindruck davon geben, wie vermint das Feld der Bruckner-Deutungen immer noch ist – und wie wichtig die rigorose Beschränkung auf gewissenhaft überprüfte, tatsächlich authentische Quellen und Selbstaussagen.

Göllerichs Aufruf hatte auch Gustav Mahler erreicht, der alsbald antwortete: »Seine [Bruckners] Briefe an mich datieren aus den verschiedensten Jahren und sind beinahe durchaus nichtssa-

7 Leyrer 1956, 17 f., 42; Stifter, Werke, Bd. 19, 259.
8 Sittner 1964, 103.
9 Gülke 1989, 105.
10 Dümling 1999, 202.
11 Blume 2001, 359.

genden Inhalts. Ich glaube nicht, daß man einem solchen Mann durch Mitteilung solcher Dokumente einen Dienst erweist. Allerdings wer Ohren hat und Augen, der kann auch da hören und sehen.«[12]

12 Mahler, Briefe, 290 f.

II. 8000 Meilen von den 1ten Menschen

Frühsommer 1895: Der schwerkranke siebzigjährige Bruckner bereitet den Umzug aus seiner langjährigen Wohnung in der Wiener Heßgasse ins »Kustodenstöckl« des Belvedere vor, in dem ihm der Kaiser eine Ehrenwohnung zur Verfügung gestellt hat. Das mühsame, am Ende nicht mehr zu bewältigende Treppensteigen wird ein Ende haben, »barrierefrei« wird der Belvederegarten mit seinem Ausblick auf die Stadt vor ihm liegen. Stapel von Notenmaterial sind zu sichten, Ballast ist abzuwerfen. Vor allem aber ist der Bestand an Originalpartituren und Drucken der eigenen Werke zu überprüfen. In »Fromme's Österreichischer Professoren- und Lehrer-Kalender für das Schuljahr 1894/95« notiert Bruckner (oder läßt notieren), was er findet und wo Lücken zu vermerken sind. So fehlt ihm z. B. die vollständige Partitur des späten Chorwerks *Helgoland*, und er vermißt die Originalpartitur der *Messe f-moll* (die offenbar noch beim Verlag ist). Dazwischen aber notiert er das Resultat einer Sichtung, die als einzige, mitten in der Beschäftigung mit den eigenen Werken, einem nichtmusikalischen Druckwerk gilt:

> Nordpolf[ahrer] fehlen:
> 11. 13. 14. 15.
> 8. 9. Hefte. Nordp[olfahrer][13]

Es handelt sich um den genau zwanzig Jahre zuvor zunächst in Lieferungen und 1876 dann als voluminöses Buch erschienenen Bericht von der österreichischen Nordpolexpedition auf dem Forschungsschiff »Tegetthoff«, den einer der beiden Kommandanten, Julius Payer, nach der kaum noch zu erhoffenden Rückkehr verfaßt hatte – eine Heldengeschichte und ein nationaler Triumph, denn Payer hatte, weit vorgeschoben zum Nordpol hin, einen unbekannten, eisigen Archipel entdeckt, den er »Franz Josephs-Land« taufte. Er erkundete ihn unter extremen Strapazen bis zu

13 Verb. Pers., I, 480 f.; II, 400, Abb. 7.

seiner nördlichsten Spitze, die er dann Kap Fligely nannte. Heute wissen wir, daß dieses Kap der nördlichste Landpunkt Eurasiens ist. Die Lieferungen von *Die österreichisch-ungarische Nordpolexpedition in den Jahren 1872-1874* hatte Bruckner abonniert,[14] und jetzt vermißt er also sechs Hefte. Was ist ihm, inmitten ganz anderer Sorgen, daran so wichtig? Wenn es die irgendwann sich doch verbrauchende Heldengeschichte der Fährnisse und ihrer schließlichen Überwindung wohl kaum sein wird, was ist es dann?

Den Schlüssel zur Lösung des Rätsels liefert ein auf den ersten Blick unscheinbarer Eintrag im »Akademischen Kalender der Österreichischen Hochschulen für das Studienjahr 1880« (Abb. 1). Dort findet sich dicht am oberen Rand einer Seite, die bereits mit einer Adresse von fremder Hand und Notizen zu Terminen und Zahlungen eines seiner Privatschüler angefüllt ist, auf knappstem Raum und in kleinster Schrift ein Gedankenblitz:

> 8000 Meilen von den 1ten Menschen
> Tegetthoff[15]

Er dürfte aus dem späteren Sommer stammen – nach dem auf der Seite explizit genannten Datum »3. Aug[ust]«. Genauer datieren läßt er sich nicht.

Die Lektüre des Expeditionsberichts lag nun schon fast fünf Jahre zurück. Bruckner mag sich immer wieder erneut in ihn vertieft haben. In jedem Fall aber beschäftigte ihn im Sommer 1880 in ganz besonderer Weise die Vorstellung gewaltiger Größe und extremer Distanzen. Seine einzige wirkliche, wenn auch sehr eng getaktete Urlaubsreise führte ihn in der letzten August- und ersten Septemberwoche in die Schweiz. Er ließ keine auf der offenbar sorgsam vorgeplanten Route liegende Orgel aus, sein Hauptziel aber war die Bergwelt. Zwei große Panoramen steuert er an: erstens den Blick von La Fléchère bei und oberhalb von Chamonix auf das Mont-Blanc-Massiv und seinen Hauptberg, für den er we-

14 Payer. Das Buch hatte offenbar eine sehr hohe Auflage.
15 Verb. Pers., I, 152; II, 134, Abb. 11.

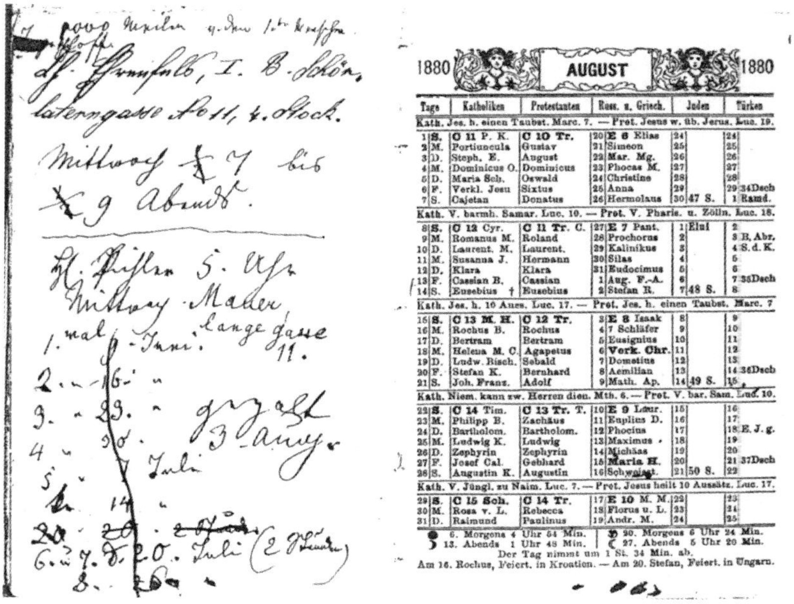

Abb. 1: Akademischer Kalender der Österreichischen Hochschulen für das Studienjahr 1880, fol. 18v/19r, ÖNB Wien

gen zunächst schlechten Wetters zwei Aufstiege benötigt, zweitens den Blick von Rigi-Kulm auf die Kette der Berner Alpen – beide Male des Sonnenaufgangs wegen mit einer Übernachtung. Vom Blick auf den 4800 Meter-Riesen mag er sich mehr erhofft haben: Eine gewaltige Zackenkulisse, unterbrochen nur durch das Mer de Glace, steht vor ihm, über der in nur schwer abschätzbarer Entfernung rechts hinten der eisbedeckte, stumpfe Kegel des höchsten Berges Europas schwebt. Die niederen, flach abfallenden Berge jenseits des Vierwaldstätter Sees dagegen erlauben einen tief gestaffelten Durchblick auf die gigantische, aber ferne Bergkette. Im Notizkalender, wenige Seiten nach dem Tegetthoff-Eintrag, hält er in knappster Form Stationen und Eindrücke fest. Wir finden keine explizite Erwähnung des Mont-Blanc, über den Blick von Rigi-Kulm dagegen das Notat eines Sonnenuntergangs und -aufgangs:

[…]
Abend sehr schön, Sonnenun-
tergang prachtvoll.
Aufgang etwas Nebel.
Morgenröthe nach ½ 6 Uhr
ganz rein; dann Nebel,
u[nd] Sonnenaufgang etwas
höher aus der Nebel-
schichte.
[…]
Berner Alpen
prachtvoll.[16]

Daß er mit dem ihn sprachlos machenden Blick auf das Mont-Blanc-Massiv ringt, zeigt ein seltsamer abschließender Eintrag, dessen Sinn sich nur erschließt, wenn man ihn als einen Vergleich beider Blicke versteht:

NB Man sieht über niede-
re o[der] schief stehen-
de Bergspitzen auf
andere ferne
stehende; je entfern-
ter die andern,
desto besser; deß-
gleichen: je schiefer.
[…][17]

»Je entfernter die anderen« – das kann sich nicht auf die »fernen« beziehen, sondern muß den »niederen«, flach abfallenden (»schiefen«) gelten, die sich in günstiger Distanz vom Betrachterstandpunkt befinden. Dann ist der Sinn klar: Je weniger diese den Blick behindern und je mehr Durchblicke sie gewähren, desto mehr erschließt sich eine strukturierte Weite, die dem Betrachter freien Raum läßt und die selbst das Unermeßliche kommensurabel zu

16 Ebd., I, 159 f.; II, 137, Abb. 18.
17 Ebd., I, 160; II, 128, Abb. 19.

machen verspricht. Die Zackenbastion des Mont-Blanc-Massivs aber hatte den Blick auf den eisigen Riesenberg fast ganz verstellt; hilflos steht man vor schierer Größe, zu der man sich nicht ins Verhältnis setzen, vor der man nur verstummen kann. Gleichsam naturwüchsig skizziert Bruckner hier eine Ästhetik des Erhabenen.

War die Erinnerung an die Nordpol-Lektüre der Antrieb, das Unermeßliche, von dem Payers Text sprach, dort aufzusuchen, wo es für Bruckner erreichbar war – in der Schweiz, und so der Imagination einer Extremlandschaft ein reales Substitut durch eine andere extreme Landschaft zu verschaffen? Oder hat umgekehrt das Erlebnis der Schweizer Bergwelt Bruckner zu den Bildern zurückgeführt, die der Abenteurer und spätere Künstler Payer über die Erfordernisse eines Forschungsberichts hinaus vom Nordpolarmeer und seinen Inseln entworfen hatte? (Er wird später, nach einem Malerei-Studium an der Frankfurter Städel-Schule, großformatige Historienbilder von der Expedition produzieren). Das läßt sich nicht entscheiden. Die Vorstellung schier unausdenkbarer Größe und Weite aber springt, in welcher Richtung auch immer, von der einen auf die andere Landschaft über, wenn Bruckner in seiner kometenhaft aufblitzenden Tegetthoff-Notiz von »8000 Meilen von den 1ten Menschen« spricht.

In Payers Bericht vom Aufbruch der Mannschaft, die zwei Winter im Packeis verbracht hat und die nun das aussichtslos festsitzende Schiff verläßt, um sich über das im Sommer brüchige Eis auf den Rückweg zu machen, heißt es:

> Doch es war ein ergreifender Anblick, als die Flaggen an die Masten der »Tegetthoff« genagelt wurden und der Rückzug begann, tausend Meilen entfernt von den ersten Niederlassungen der Menschen.[18]

Riesig, um das Achtfache, dehnt sich in Bruckners Imagination der Raum. Dieser Gedankenblitz zielt auf Payers höchst suggestive Bilder aus der Grenzregion des Nordpols, jenseits des menschlichen Lebens, deren Aufzeichnung aufzuheben Bruckner selbst in

18 Payer, 386. Zit. auch bei Nowak 1973, 150 f.

der letzten Lebensphase noch so wichtig war, daß er ihnen eine Notiz inmitten der Bestandsaufnahme seiner Partituren widmete.

Von den ersten großen Landgängen im Archipel, kurz vor Anbruch der Polarnacht, berichtet Payer:

> Unbeschreibliche Einsamkeit lag über diesen Schneegebirgen, welche der Dämmerungsbogen im Süden und der Mond gleichmäßig schwach erleuchteten. Wenn das Strandeis nicht durch Ebbe und Fluth ächzend und klingend gehoben wurde, der Wind nicht seufzend über die Steinfugen dahinstrich, so lag die Stille des Todes über der geisterbleichen Landschaft. Wir hören von dem feierlichen Schweigen des Waldes, einer Wüste, selbst einer in Nacht gehüllten Stadt. Aber welch ein Schweigen liegt über einem solchen Lande und seinen kalten Gletschergebirgen, die in unerforschlichen duftigen Fernen sich verlieren, und deren Dasein ein Geheimniß zu bleiben schien für alle Zeiten.[19]

Solchen und ähnlichen Evokationen, die das Unbeschreibliche, Unerforschliche zu bannen versuchen und dabei zur Todesmetapher greifen (von der »unvergleichlichen *Todtenstille* des Eismeeres«[20] wird Payer kurz vor dem Aufbruch der Mannschaft vom Schiff sprechen), kamen silbrige Holzstich-Illustrationen zu Hilfe, die Bruckner mindestens so fasziniert haben dürften wie der Text selbst, wenn er vom Ächzen, Klingen und vom schließlichen Schweigen spricht. Bild- und Ton-Imagination fließen zusammen (Abb. 2, 3).[21]

Und Payer hielt weitere große Bilder bereit: Was ist ein noch so grandioser Sonnenunter- und aufgang im Gebirge, so wird Bruckner gedacht haben, gegen den Abschied der Sonne im Nordpolarmeer, dem für Monate die Polarnacht folgt, und die lang ersehnte Wiederkehr des Lichts? Für Licht, Nacht und Epiphanie des Lichtes fand Payer große, dramatische, die Imagination mächtig fordernde Bilder:

> Der ganze südliche Himmel war ein Feuermeer über den kalten, starren Reihen ewigen Eises! Leichte Strati schwebten wie glühende Segel über dem Gestirn dahin, das eine lange blendende Fackel entsendete. Dann zo-

19 Ebd., 162.
20 Ebd., 408.
21 Payer, 65, 45.

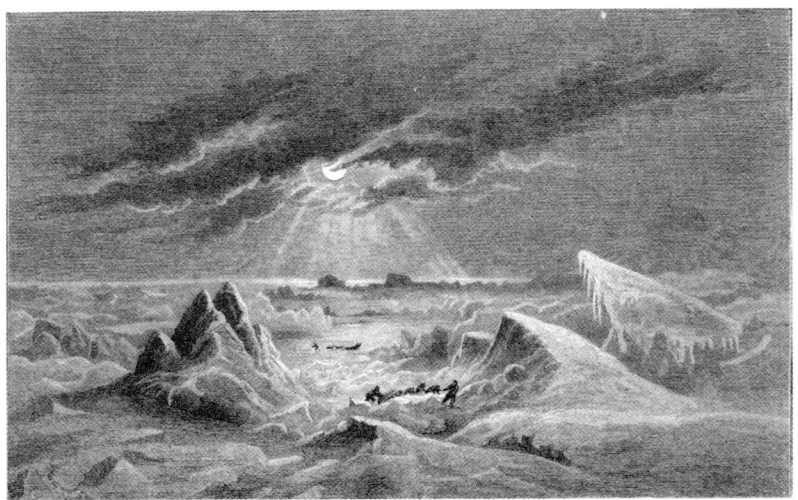

Abb. 2: Payer, Die österreichisch-ungarische Nordpolexpedition, 65

gen düstere Wolkenschaaren, rings den Lichtkreis verhüllend, heran, *das lange Reich der Nacht begann* und die Einöde rings um uns sank zurück in die Starrheit des Winters.

Der 21. Dezember ist da, die *Mitte der langen Nacht.* [...] Flimmernd über der frosterfüllten Leere wölbt sich der unermeßliche Himmelsdom, farbige Lampen hängen an ihm nieder an unsichtbaren kosmischen Gesetzen; wie ruhelose Geister irren die Sternschnuppen durch den Raum, und geräuschlos ändern die Sternbilder ihre Lage. Sie sinken unter die schwarzen Eisgruppen des Horizonts hinab, neue tauchen auf, und ihr Lächeln zittert ununterbrochen in den Kreislauf einer *hundertneuntägigen* Nacht.

Immer glühender ward das mittägige Roth im Süden; an klaren Tagen vermochten wir schon um sieben Uhr Früh eine schwache Morgenröthe zu erkennen. [...] Ein unbeschreiblich festliches Ereignis ist die *Wiederkehr der Sonne* für den Polarfahrer. [...] Da, einen Augenblick, wallte eine Lichtwelle ankündigend durch den weiten Raum, und die Sonne stieg, von einer Purpurhülle umgeben, empor auf die eisige Bühne. [...] Nur mit ihrer halben Scheibe und zögernd hatte sich die Sonne erhoben über den düsteren Saum des Eises, als wäre diese Welt unwerth ihres Lichtes. Und dennoch ist die Sonne das einzige Ereigniß und Leben in diesem Reiche des Todes [...].[22]

22 Ebd., 164; 63; 100 u. 103 f.

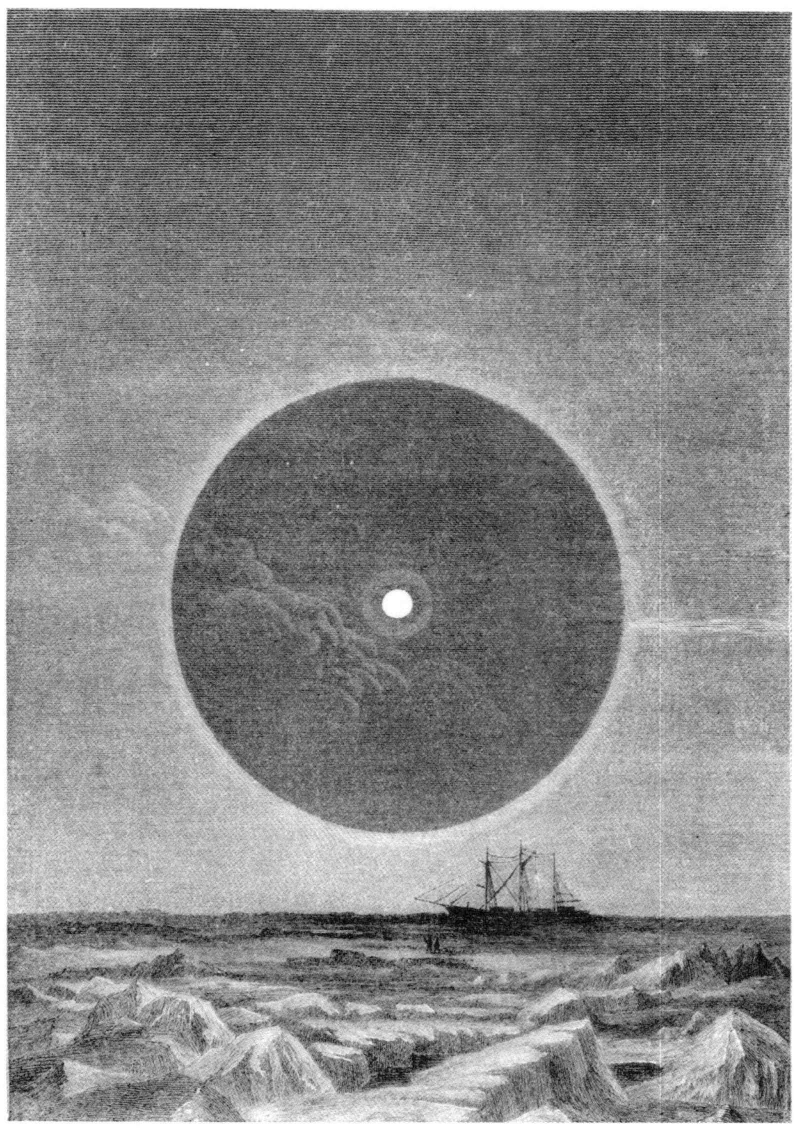

Abb. 3: Payer, Die österreichisch-ungarische Nordpolexpedition, 45

Unermeßliche Weite, Tod und Licht: In diesen Begriffen verdichtet sich die Erfahrung der eisigen Extremlandschaft, die Bruckner mit seinem Notat von der 8000 Meilen-Distanz aufruft. Es ist nichts anderes als die Abbreviatur für eine Fülle von Bildern aus dem Grenzbereich der Vorstellungskraft.

Der Nordpol selbst aber, dem die Expedition so nahe kam, fordert nicht nur die Imagination, sondern in extremer Weise vor allem das Denken heraus. »Alle Glieder des Eises schließen sich in der wachsenden Kälte, zuletzt lastet eine einzige ungeheure Phalanx rings um den unnahbaren Pol«,[23] schrieb Payer, als er das Herannahen der ersten der beiden Polarnächte, die die Expeditionsteilnehmer erleben mußten, schilderte. In der langen Nacht aber werden Unterrichtsstunden für die Mannschaft abgehalten, die phantastische Vorstellungen vom Nordpol hatte:

> Mit schmerzlicher Enttäuschung wurde die Lage und der Unwerth von »Nordpolen« vernommen, daß es kein Land sei, kein zu eroberndes Reich, nichts als Linien, die sich in einem Punkte schneiden und wovon nichts in der Wirklichkeit zu sehen sei![24]

Christoph Ransmayr, für dessen dokumentarischen Roman über die Nordpolexpedition *Die Schrecken des Eises und der Finsternis* Payers Bericht eine der Hauptquellen war, hat dieser Passage besondere Aufmerksamkeit geschenkt: »Ich habe mir vorzustellen versucht, was ein Einfältiger empfinden muß, der, auf einem festgefrorenen Schiff dahindriftend, umgeben von allen Schrecken des Eises und der Finsternis, plötzlich erkennt, daß sein Ziel ohnedies unsichtbar ist, ein wertloser Punkt, ein Nichts.«[25] Derart aus den imaginierten Bildern in ein Denken zurückverwiesen zu werden, dessen Resultat ein Nichts ist – diese Krise der Einbildungskraft mag auch Bruckner bei der Lektüre widerfahren sein. Einfalt nicht in elementarer Bildungsferne, sondern in der sublimierten Form grenzenloser Fähigkeit zum unvoreingenommenen, nicht von Bildung verstellten Blick ist ja das wichtigste Merkmal künstlerischen Handelns.

23 Ebd., 63.
24 Ebd., 86.
25 Ransmayr, 42.

III. … und seines Reiches wird kein Ende sein.

Mit den Worten »cujus regni non erit finis« schließt der Groß-Abschnitt des Credo von Bruckners *Messe f-moll*, der von Christi Geburt, Tod, Auferstehung, Himmelfahrt und vom Jüngsten Gericht handelt, zu dem der Gottessohn wiederkehren wird, »cum gloria, judicare vivos et mortuos«. Dramatisch faßt Bruckner nach bethlehemitischer Geburtsidylle und Totenklage den Triumph über den Tod, die Rückkehr zum Vater und die Verheißung der Wiederkehr am Ende der Zeit in einen großen Allegro-Abschnitt zusammen, dem ein durchgehender Bewegungsimpuls aus Achtelfigurationen der tiefen und flirrenden Sechzehnteln der hohen Streicher die Einheit in allen auf den Text reagierenden Modulationen (E–A–d–Des–f) gibt. So wie sich der Impuls vor dem »Et resurrexit« über einem Pauken-Orgelpunkt auf E sukzessive bis zum vollen *Fortissimo*-Streicherglanz aufgebaut hat, so verebbt er am Ende wieder über einem f-Orgelpunkt in einer fahlen phrygischen Wendung f–ges–f, bis nur noch einzelne Viertelwerte, regelmäßig von Pausen durchsetzt, nachschlagen: ein in der Faktur angelegtes Ritardando, dem keine Tempoangabe entsprechen muß, mit der Bruckner in dieser Partitur ohnehin sehr sparsam verfährt.

»Mortuos« ist das letzte Wort dieses großen Abschnitts, der in der dramatischen Auftürmung der »judicare vivos«-Rufe seinen Höhepunkt fand, unerbittlich vorangetrieben durch den fünfmaligen, ostinaten Ruf des Basses mit seinem abschließenden Oktavfall. Keine Innovation ist die syntaktische Isolierung dieses letzten Wortes (hier bei Bruckner Verlängerung der Notenwerte und Wechsel von Des zum phrygischen f). Diese hat eine lange Tradition. Sehr überraschend aber ist der dezidierte musikalische Neubeginn beim »cujus regni« mit einem kurz und entschieden angerissenen a-moll-Quartsextakkord, dem sogleich die Dur-Aufhellung folgt. Quasi-reprisenartig setzt der Chor mit den Takten 3 und 4 aus dem Credo-Hauptthema ein, das dann vollständig bei »Et in spiritum« wiederkehren wird. Aber auch hier, nach dieser markanten Zäsur, befinden wir uns zunächst wieder auf vertrautem Gelände geläufiger Topoi bzw. Figuren: Die energischen, punktierten Unisono-Skalenfiguren der Streicher, die mit dem knapp und kraftvoll in Vierteln deklamierenden Chor alternieren, haben traditionell eine Majestas-Konnotation. Unter Hunderten von Beispielen aus dem 18. Jahrhundert sei nur an den Beginn von Mozarts *Missa C-Dur* (KV 317), der »Krönungsmesse«, mit seinen einleitenden punktierten Rhythmen zum Herrscher-Anruf »Kyrie« oder an das »Rex tremendae« aus seinem *Requiem* (KV 626) erinnert. Und die dreimalige emphatische Wiederholung des »non« (beim zweiten Mal dramatisch geschärft durch einen verminderten Septakkord) ist ebenfalls eine traditionelle Figur: die der Epizeuxis, die z.B. in Beethovens *Missa solemnis* bis zum nachschlagenden dreimaligen »non« vorangetrieben ist. Das dritte »non« fällt in Beethovens Messe schon in den folgenden textlichen und musikalischen Abschnitt, die modifizierte Reprise des Satzes (»Credo in spiritum sanctum«) hinein: eine outrierte Rhetorik.

Dann aber, wenn die punktierten Skalengänge sich nach F-Dur gewendet haben (T. 304), bricht Bruckner aus der rhetorischen Tradition, an der er sich vier Jahre zuvor in seiner *Messe d-moll* noch stärker orientiert hatte, aus. Er führt den Gedanken eines unsere Zeit in alle Ewigkeit überdauernden Gottesreichs (»in saecula saeculorum«, Apk. 10,6; 11,15) in eine Belastungsprobe für die Einbildungskraft, wie das zuvor noch kein Komponist getan hat. Halbe, dann ganze, schließlich anderthalbe Notendauern treten an die Stelle der strikt vorwärts treibenden deklamatorischen Viertel des Chores. Entsprechend dehnen sich die Pausen. Zuvor aber ist die punktierte Skalenfigur der Streicher über einem »cujus regni« der Frauenstimmen in mehreren, im Terzabstand einsetzenden Anläufen *diminuendo* bis zum f''' im *Pianissimo* aufgestiegen, so als wollte sie sich dort verlieren. Das ist der Moment des Eintritts von in Achteln pulsierenden Holzbläserakkorden (Flöten und Oboen), die bei wechselnder Harmonisierung über vierzehn Takte hinweg konstant ein a'' als Liege- oder Pedalton festhalten, aus dem erst in der schließlichen Wendung nach E-Dur ein gis'' wird (ab T. 323): Ein neues Zeitmaß hat sich etabliert, und die Musik dehnt sich bis an den Grenzpunkt des Statischen, des Verharrens.

Dissonanzen treten progressiv in das zunächst immer noch herrschende F-Dur ein (Notenbeispiel 1): zuerst, noch konventionell, die einen ganzen Takt beanspruchende kleine Sext im Chorbaß auf »non erit fi – nis« (T. 310), die als schmerzliches (Seufzer-) Echo zwei Takte später in den Bratschen nachklingt – das ist die um eineinhalb Takte verzögerte Antwort auf das »cujus regni« der Frauenstimmen; dann, beim zweiten Choreinsatz auf cis, ein übermäßiger Dreiklang f-a-cis. Wieder bei »fi – nis« (T. 314) wird dessen f zum Vorhalt vor einem Septakkord auf a: Für die Dauer eines ganzen Taktes erscheinen f, g und a in scharfer Reibung. Es folgt *crescendo* ein die Notenwerte noch einmal dehnender, einen Ganzton höher, auf dis, anhebender dritter Ruf des Chores mit verlängertem chromatischen Abwärts-Gang – bis dann die punktierte Skalenfigur, nunmehr dezidiert abwärtsgerichtet, das harmonische Abenteuer zu beenden und alte Stabilität wieder herzustellen sucht. Im pulsierenden Wechsel mit a-moll aber setzt sich schließlich energisch E-Dur durch (dessen Dominantseptakkord schon in T. 319/20 transitorisch erklungen war), so als müßte das Vagieren der Einbildungskraft durch einen Machtspruch beendet werden. Die Blechbläser unterstützen machtvoll die plagale Wendung. Danach kehrt über eine mediantische Rückung (untere Großterz) bei »Et in spiritum« die Haupttonart C-Dur des Satzes wieder.

Transformiert zu Dreiklangsbrechungen geistert die Skalenfigur jedoch auch durch diese große, tonal wie ins Exterritoriale driftende Episode. Ihr energischer Richtungssinn ist suspendiert. Aus der Majestas-Symbolik ist ein filigranes, in sich selbst zurücklaufendes, kreisendes Glitzern geworden. Sie ist in eine andere Existenzform eingetreten, in der Herrschertum nicht mehr positiv behauptet werden muß (oder kann). Entspannt aber ist sie dabei nicht, denn sie arpeggiert nur die jeweiligen, zunehmend entrückter werdenden dissonanten Akkorde. Die erstmals hier auftretenden Klarinetten schließlich, die zwei Mal mit den Streichern in gegenläufiger Bewegung alternieren, eröffnen mit ihrer in diesem Kontext eigentümlich fremden, »fernen« Klangfarbe einen Echoraum, der eine andere Welt vorscheinen läßt. Und diese Vision von einer Welt nach dem Jüngsten Gericht ist weit entfernt von jeg-

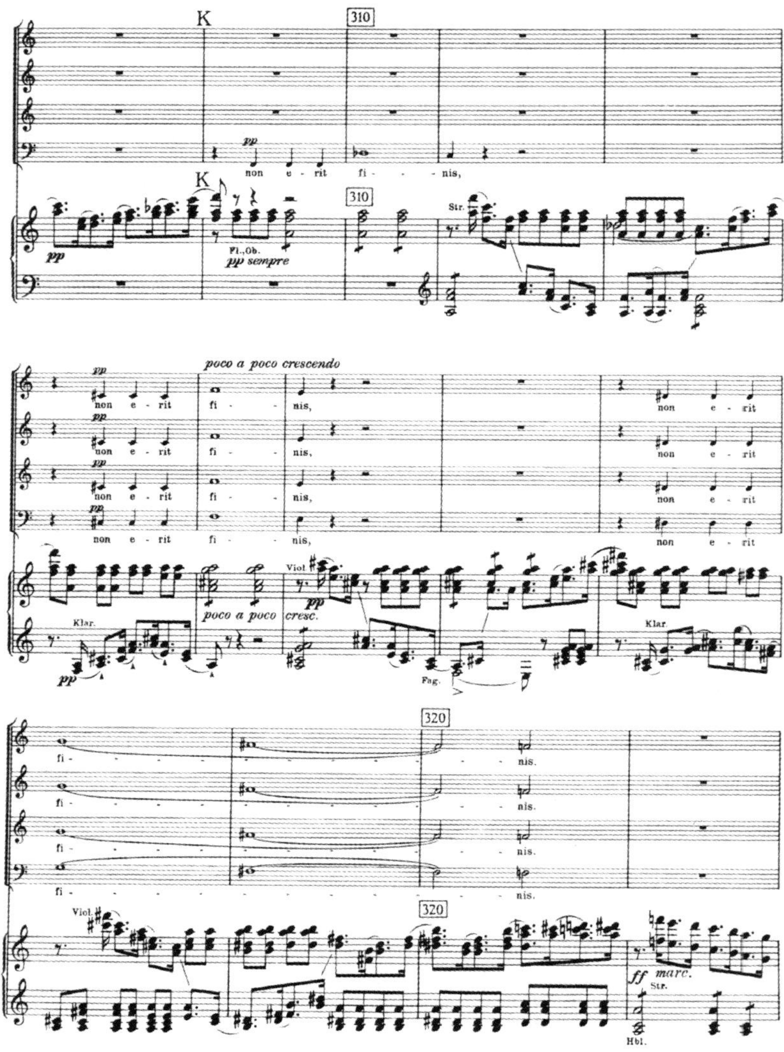

licher Idylle. Sie ist ein Blick in eine unausdenkbare Unermeßlichkeit: eine Krise der Einbildungskraft.

Die alte hagiographische Bruckner-Literatur hat das anders gesehen. Aus den Aufzeichnungen von August Göllerich, Bruckners

»autorisirtem« Biographen,[26] nahm Max Auxer in den 1932 erschienenen Bd. III, 1 der von ihm fortgeführten monumentalen ersten Monographie diese Charakteristik des »cujus regni« auf: »Die Fanfaren des Gottesgerichtes scheiden die zur Rechenschaft Erweckten in ›Lebendige‹ und ›Tote‹. Im unerschütterlichen Glauben, der Berge versetzt, ertönt das sich heldisch aufrichtende ›Cuius regni‹, welches von markigen Unisono-Oktaven des Streicherchores befestigt wird. Charakteristisch ist das wiederholte ›non‹ des Chores. Eine rührend weiche Pianostelle des Frauenchores erzählt von der Milde des Herrn und in seliger Gewißheit erklingt – von lieblichen Figuren der Streicher und Klarinetten begleitet – die Versicherung: ›non erit finis‹«.[27] Auer selbst sah das einige Jahre zuvor schon ein wenig spannungsreicher, wenn er vom »schwerwiegenden Inhalt des ›non erit finis‹« schrieb, in den der »Mystiker« Bruckner sich ganz versenke. »Zu dem Chor-Baß, der diese Worte geheimnisvoll flüstert, erklingt nur die gleichmäßige Achtelbegleitung der Holzbläser, über welche Motivteilchen der zu Anfang des Abschnitts sich mächtig emporreckenden Streicherfigur hinweghuschen.«[28] Auf eine analytisch klarere Basis jenseits aller nebulösen Rede vom Mystiker aber hat erst Horst-Günther Scholz 1961 den Befund gebracht: »Der zweimal vorgetragene Text erfährt zwei Auslegungen. Der nach Art eines dramatischen Rezitativs behandelte Anfang [...] und die diesem in der gebietenden Ausdruckshaltung entsprechende, schroff niederfahrende Lauffigur am Schluß [...] umrahmen drei (von einem schwebenden Zwischenteil eingeführte) seufzerartig gedehnte, tiefliegende Chormotive, die leicht gesteigert und von hohen schwebenden Holzbläserakkorden begleitet, den Ewigkeitsausblick versinnbildlichen mögen.«[29] Und Winfried Kirsch stellte schon zuvor fest: »Das Unfaßbare dieser Vorstellung spiegelt sich in den dissonanten Akkorden«.[30] Die Entscheidung Bruckners aber, diesem Text einen völlig selbständigen eigenen

26 NGA, Briefe, II, 129 (910331/2); 136 (910511).
27 Göll.-A., III, 1, 485 f.
28 Auer 1927, 155.
29 Scholz 1961, 113 f.
30 Kirsch 1958, 152.

Abschnitt zu widmen (Scholz spricht nur von einer »Koda«), die für seine Semantik ebenso bedeutsam ist wie seine Binnenstruktur, wird in ihrer Tragweite nicht erkannt. Eine kleine musikalische »Ikonographie« des »cuius regni« kann hier für die Schärfung der Wahrnehmung hilfreich sein.

Ein Blick auf Haydns sechs große Messen, auf Johann Nepomuk Hummel, Luigi Cherubini und Beethoven zeigt, daß nirgends mit dem »cuius regni non erit finis« ein neuer Abschnitt begonnen wird. Immer gehören diese ja auch syntaktisch nicht selbständigen Worte zu dem Textblock, der mit »Et resurrexit« beginnt und der mit eben jenem Halbsatz in sein Ende kommt – vor dem Aufruf des Heiligen Geistes. Rhetorisch wird die Partie durch die Epizeuxis des »non« oder durch Längung der Notenwerte bei »finis« durchaus häufig hervorgehoben, aber zu einem in sich abgeschlossenen Teil wird sie nie. Das gilt auch für Schuberts große Messen in As und Es. Und in Liszts *Missa Solennis* von 1856 (der »Graner Festmesse«), die Bruckner im Gegensatz zu den Schubert-Messen mit einiger Wahrscheinlichkeit gekannt hat, entsteht der Schein eines Neubeginns nur durch die buchstäblich einmontierte Szene des Jüngsten Gerichts in Berliozscher Manier (»judicare«). Nach ihrem Verklingen in der Pauke wird mit dem »cujus regni« die nur unterbrochene, auf dem Credo-Thema basierende Musik wieder aufgenommen. Auch Schumanns *Missa sacra* in c-moll, ein Außenseiterwerk, dessen Partitur Bruckner Ende 1865 von Eduard Hanslick erhielt und das er auf seinen Periodenbau hin durcharbeitete, bleibt beim »cujus regni« innerhalb der Usancen, auch wenn er die Worte durch homophone Deklamation hervorhebt.[31]

Dennoch lohnt sich eine genauere Beschäftigung insbesondere mit den Messen von Luigi Cherubini, der vor oder neben Beethoven die kompositorische Reflexion einzelner dogmatischer Inhalte wohl am weitesten und auf unverwechselbare Art vorangetrieben hat. Obwohl Robert Haas schon 1934 das erste Blatt einer Abschrift Bruckners aus seiner Linzer Zeit vom »Qui tollis« aus dem Gloria von Cherubinis *Quatrième Messe solennelle* in C-Dur (1816) im

31 Göll.-A, III, 1, 321.

Faksimile veröffentlicht hat,[32] ist Bruckners Auseinandersetzung mit Cherubini bisher nicht untersucht worden. Neben dieser C-Dur-Messe muß er in jedem Fall das 1808/09 entstandene Gründungswerk von Cherubinis Messkompositionen genau gekannt haben: Die *Messe à trois voix* in F-Dur, eine Messe solennelle von Dimensionen, die Mozarts Große c-moll-Messe (KV 427), wäre sie vollendet worden, gehabt hätte. Aber vom Kantaten-Typus wendet sie sich ab. Ganz sicher hat Bruckner den Orgelpart bei der Linzer Aufführung des Werks am Fest der Hl. Caecilia im November des Jahres 1865 gespielt, zu der der Berichterstatter des *Linzer Abendboten* bemerkt: »Die genannte Messe nimmt eine hohe Stufe unter den musikalischen Schöpfungen ein und wird von vielen geradezu für epochemachend gehalten.«[33] Die frühe und umfassende Rezeption von Cherubinis Messen im deutschsprachigen Raum hat also auch vor dem kleinen Linz mit seiner erst 1785 gegründeten Diözese nicht haltgemacht, und so dürfen wir annehmen, daß der Domorganist Bruckner dort sehr bald mit diesen beiden Messen, wenn nicht mit noch weiteren (zumindest in den bei Simrock in Bonn erschienenen Klavierauszügen) konfrontiert worden ist. Ein Werk wie die große Messe in F-Dur mit ihrer riesenhaften Architektonik, ihren so scharf kontrastierenden Abschnitten und ihrer präzisen, oft fast sezierenden Wortausdeutung muß ihn, wie fünfzig Jahre zuvor schon Beethoven, intensiv beschäftigt haben. Ein signifikantes Indiz dafür ist Cherubinis »Et resurrexit«, das zum ersten Mal einen großen, crescendierenden Sturm von aufsteigenden Sechzehntel-Ketten der Streicher in zweifachem Anlauf inszeniert, in den über einem Paukenwirbel auf F die Bläser einfallen: ein machtvolles Vorbild für Bruckners im Modus der Überbietung realisierte »Resurrexits« der d-moll- und der f-moll-Messe. (Ein genauerer Blick würde weitere Referenzen identifizieren, so Bruckners Anschluß an die höchst differenzierte Streichertextur in den deklamatorischen Credo-Teilen von Cherubinis Messe, die die stereotypen Achtel- und Sechzehntel-Figurationen der Wiener

32 Haas 1934, 34.
33 Maier 2009, 271.

Orchestermesse auf eine neue, motivgeprägte Stufe hebt. Bruckner treibt sie in seiner d-moll-Messe vielfältig weiter bis zu bizarren Triller-Akkumulationen z. B. in T. 55 ff. und T. 193 ff.).

Just diese Resurrexit-Musik nimmt Cherubini nach dem klassischen, hier besonders gedehnten »mortuos«-Topos mit dem »cujus regni« vollständig wieder auf und rundet damit reprisenartig den ganzen Textabschnitt im Modus des Triumphalismus. Analog verfährt übrigens Beethoven in seiner *Missa solemnis,* wenn er – bei verändertem, rhetorisch höchst aufwendigem Chorsatz – die Musik von »sedet ad dexteram patris« bis »cum gloria« wiederholt. Aber Cherubini kennt noch ganz andere Lösungen – Lösungen, die auf unterschiedliche Art immer dasselbe signalisieren: das genaue Ergreifen eines außerordentlichen Gedankens an der Grenze unserer Vorstellungskraft.

In der Bruckner bekannten Messe in C-Dur sind es nur acht Takte: ein deklamatorisches, gehaltenes Unisono-G der vier Chorstimmen in wechselnder Harmonisierung durch das Orchester – unverkennbar ein Orakelspruch nach dem Vorbild der Orakelszene in Glucks *Alceste* (I, 4). Cherubinis *Messe solennelle* in G-Dur von 1819 (die als Krönungsmesse für Ludwig XVIII. vorgesehen war) löst an dieser Stelle den Chorsatz auf in fallende verminderte Dreiklänge (des–b–g), die in Baß, Sopran und Tenor imitatorisch im Taktabstand einsetzen und einen kurzen Blick in ein Niemandsland eröffnen, bis dann – nach einer ganztaktigen Generalpause – ein lange gehaltenes »non« auf dem C-Dur-Dreiklang dem Schwindel des Ausblicks wieder Halt gibt. Die *Troisième Messe solennelle* in A-Dur von 1825 (die Krönungsmesse für Karl X.) realisiert ein 21 Takte währendes Decrescendo, das im Forte bei »judicare« beginnt und zäsurlos bis zum Pianissimo bei »non erit finis« reicht. Dort löst sich die eng gestrickte Chortextur in das verhallende Nachschlagen einzelner Stimmen über Achtel-Staccati der tiefen Streicher auf; die Bläser schweigen: Das Decrescendo wird zur poetischen Idee des Verschwindens (einer bisher geltenden Ordnung).

Die erstaunlichste Lösung der selbstgestellten Aufgabe, das Unausdenkbare zu komponieren, aber fand Cherubini schon in seiner für den Fürsten Esterhazy (der ihn als Nachfolger von Haydn und Hummel für seinen Hof gewinnen wollte) komponierten *Deuxième Messe solennelle* in d-moll von 1811. Ein durch eine kräftige Terz- und Quart- und Quintintervallik ausgezeichneter Chorsatz in Vierteln mündet in ein über fünf Takte gehaltenes fi – nis. Der dort erreichte Dominantseptakkord von (zu erwartendem) Es-Dur aber wird in ein zwölf Takte währendes flirrendes Abenteuer von chromatisch sinkenden Achteln und Sechzehnteln der hohen Streicher geschickt; in eine seltsam immaterielle, kühn modulierende Welt, bis dann am Ende erneut ein Dominantseptakkord erscheint, und zwar von G-dur. Erst das folgende »Et in spiritum sanctum«, ein neuer, mit »Larghetto« überschriebener Abschnitt, löst ihn auf. So hängt ein transitorisches, glitzerndes, flimmerndes Tongebilde buchstäblich in der Luft.[34]

Wir wissen nicht, ob Bruckner diese größte Messkomposition Cherubinis, deren Länge sich von Beethovens *Missa solemnis* kaum unterscheidet, gekannt hat. Unwahrscheinlich aber ist es nicht. Dasselbe gilt für die A-Dur-Messe, von der eine aus Beständen des Linzer Doms stammende Abschrift (ebenso wie eine Abschrift des *Requiem* c-moll) erhalten ist.[35] Nur die G-Dur-Messe von 1819 kann er nicht gekannt haben, weil sie erst 1867 in einem bei Richault erschienenen Klavierauszug veröffentlicht wurde. Signifikant bleibt in jedem Fall die hohe textaffine Sensibilität der Cherubinischen Lösungen – eine Sensibilität, die sonst nirgends anzutreffen war und die auch Beethovens *Missa solemnis*, jedenfalls an dieser Stelle, nicht hat. Die hat Bruckner, egal wie viele der Messen Cherubinis er kannte, beeindruckt und zu eigenen Lösungen herausgefordert: War da doch jemand, dem es wie ihm selbst um die genaueste gedankliche Erfassung schwierigster dogmatischer Inhalte ging. Die »zwei Auslegungen« des Textes, wie sie Cherubini beim »cujus regni« seiner großen d-moll-Messe vorführte – die energischen Viertel des Beginns und die angehaltene Zeit des gedehnten »finis« mit dem daran anschließenden exterritorialen

34 Schwarz-Roosmann 2006, 113.
35 Kaiser/Jahn, 62.

chromatischen Flimmern – könnten jedenfalls als ein starkes Muster der Kunst für Bruckners eigenes »cujus regni« in der f-moll-Messe verstanden werden. Überbietend geht er noch einen Schritt weiter, macht den Halbsatz zu einem selbständigen Abschnitt, gelangt zu einer ungleich höheren Bildhaftigkeit und kompositorischen Integration (die erst verschwebenden, dann verwandelten punktierten Skalen) und klangfarblichen Entrückung (die Klarinetten), verwandelt das Transitorische, das bloße Vorbeihuschen von Cherubinis chromatischer Streicherpassage in eine regelrechte Szene – und schärft so dramatisch den Blick in eine andere Welt, der hier als ein ihn tief ergreifendes Thema offenbar wird.

Festen Boden unter den Füßen bei der Identifikation von Mustern, mit denen sich Bruckner in produktiver Aneignung beschäftigt hat, haben wir hingegen bei seiner »Qui tollis«-Abschrift aus Cherubinis C-Dur-Messe (Abb. 4). Ob es ihm hierbei in erster Linie um die Vergewisserung über besondere harmonische Kunststücke ging, ist unerheblich. Jedenfalls hat er bei dieser Gelegenheit ein Strukturmuster abgespeichert, das er als Muster für den »exterritorialen« Teil seines »cujus regni« wieder aufgreifen konnte. Entscheidendes Merkmal ist der in den Violinen über 39 Takte gehaltene Pedalton as" (bei Bruckner ist es ein a"), der sich ab dem 40. Takt erstmals nach g" wendet, womit der abschließende C-Dur-Schluß eingeleitet wird: eine Konstante in allen Wendungen der Harmonik. In ein unruhiges Tremolo der Streicher eingeschrieben aber ist ein drei Mal auftretendes dreitöniges Seufzermotiv (dissonante kleine Sekund) der Celli, das jeweils in die Pausen zwischen den Choreinsätzen fällt – so wie in Bruckners »cujus regni« die Bratschen (T. 312) und vier Takte später die beiden Fagotte unter den hohen Holzbläsern erscheinen. Wenn also Bruckner (hypothetisch) aus dem transitorischen Flimmern der Streicher in Cherubinis großer d-moll-Messe eine kompositorisch komplexe Szene macht, dann wirkt hier in jedem Fall das Strukturmodell des »Qui tollis« entscheidend mit – und in der Synthese entsteht ein Drittes. Aber auch alleine schon konnte es seine Rolle für die Konzeption einer Szene spielen, die den Halbsatz des »cujus regni« auf eine neue, komplexere kompositorische Stufe hebt.

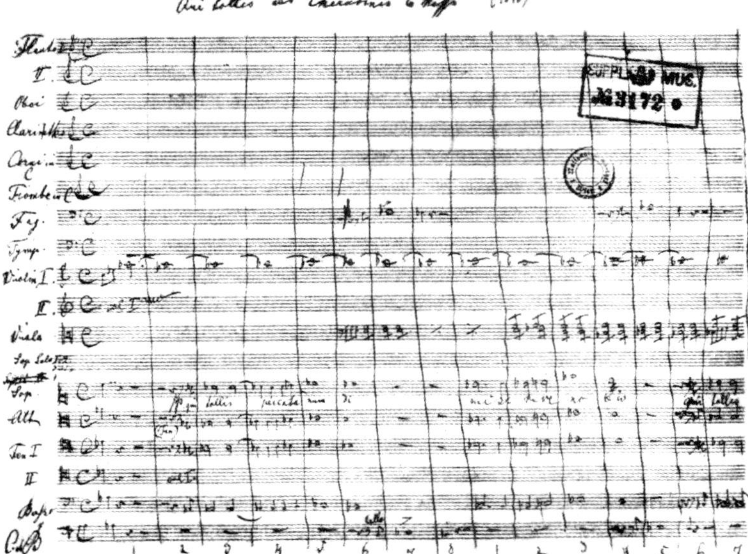

Abb. 4: Luigi Cherubini, »Qui tollis« aus der Quatrième Messe solennelle in Bruckners Abschrift (nach Haas 1934, 34), ÖNB Wien, A-WnMus.Hs. 3172

Stillgestellte Zeit und die Meditation über nur schwer ausdenkbare dogmatische Geheimnisse: Sie ereignen sich im Credo der *Messe f-moll* einige Takte später erneut, wenn es um den Gedanken der Trinität geht. In ein Streichertremolo mit dem durchgehenden Pedalton d deklamiert der Chor nach rüstigen Vierteln bei »qui cum patre et filio« ein innehaltendes, staunendes »simul adoratur et conglorificatur« hinein (T. 358 ff.): Mitten im Halbsatz des Textes springt die musikalische Faktur um. Der harmonische Gang aber ist ein fester, bestimmter. Über den Doppeldominant-Septakkord kadenziert er am Ende emphatisch nach D, verstärkt durch die hinzutretenden Blechbläser: keine Verstörung des Denkens, sondern zögerndes Staunen, das am Ende aus eigener Kraft in Affirmation übergeht; in die angstfreie Affirmation eines Glaubensartikels, der nicht wie das »cujus regni« ans Ende der Zeit dieser Welt rührt.

Meditative Augenblicke, die sich unendlich zu dehnen scheinen, kennt auch schon die vier Jahre zuvor entstandene *Messe d-moll*, wenn auch nicht beim »cujus regni«. Alternierende Deklamation der hohen und der tiefen Chorstimmen, flimmernde, pulsierende Achtelketten der Streicher oder Holzbläser und in sie eingebettete Dreiklangsbrechungen in mehr oder weniger großflächig wechselnden Harmonisierungen sind ihr Kennzeichen (»Qui tollis« – T. 75-116 – des Gloria und T. 36-55 des Benedictus). Cherubinis Muster der Kunst mag auch hier gewirkt haben (auch wenn das zentrale Strukturmerkmal des durchgehaltenen Pedaltons mit seiner Unerbittlichkeit nicht strikt realisiert wird – auch eine Funktion der Abschnittslänge). Aber ebenso, und mehr noch, schließen diese Abschnitte an die Faktur von Liszts »et incarnatus est« in der »Graner Festmesse« (beginnend schon in T. 82 beim »descendit de coelis«) und natürlich an Beethovens »incarnatus« aus der *Missa solemnis* an.

Daß Bruckner Beethovens erdrückendes Hauptwerk sehr gut kannte, daran kann kein Zweifel bestehen. Sehr wahrscheinlich ist, wenn auch wie so vieles nicht belegt, daß er die Aufführung durch Johann Herbeck am 17. März 1861 in Wien besucht hat – während seines letzten Arbeitsaufenthalts beim Harmonie- und Kontrapunktorakel Simon Sechter. Daß er »Durch mehrere Konzertsaisonen [...] in Wien dem Einstudiren so wie den Productionen gespannte Aufmerksamkeit zugewendet« habe, »[...] wobei ihm Hofkapellmeister *Dessof* u. *Director* Herbeck zur Hand gingen«, vermerkt er, wenn auch aus strategischen Gründen etwas vollmundig, im Bewerbungsschreiben um die Direktorstelle des Salzburgischen Dom-Musik-Vereins vom Juni 1861.[36] Auch Herbecks Aufführung im folgenden Jahr (30.3.62) könnte er gehört haben.[37] In jedem Fall wird er die Partitur genau durchgearbeitet haben. Zu deutlich sind die positiven Referenzen – so z. B. beim schon erwähnten »incarnatus«; beim Einsatz der Solovioline zur Christus-Thematik in Beethovens »Benedictus« und Bruckners »Christe eleison«; oder beim »Domine deus, rex caelestis...« des Gloria mit der Struktur seines Chorsatzes, seinen identischen »herrschaftssymbolischen« Oktavstürzen (Beethoven T. 210 ff.; Bruckner, T.

36 NGA, Briefe, I, 24 (610622).
37 Scheder 1996, 105.

66 ff.) und seinem emphatischen Septakkord über b auf »omnipotens«, jener Kraftstelle, bei der Beethoven zuerst und *fff* die Posaunen einsetzt.[38] Mindestens ebenso interessant aber sind die Differenzen, die ein genauer Blick auch schon in den genannten Beispielen leicht erkennen könnte und die bis zu dezidiert anderen Lösungen reichen. Sie deuten auf eine bewußte Auseinandersetzung hin. Deutlich wird das sofort z. B. beim Vergleich der beiden Kompositionen des »Deum de Deo, lumen de lumine…« im Credo, dessen dogmatischen Sinn Beethoven durch eine aufgeregte, im Halbtakt-Abstand einsetzende Imitatorik der Chorstimmen realisiert, während Bruckner ein ganz neues Bild schafft. Aus homophonen Chorblöcken läßt er drei Mal ein Echo der Solisten hervorgehen. Das geschieht zuerst auf As, dann auf C und schließlich auf Des: Glanz und Abglanz im emphatischen Aufstieg als geradezu sinnliches Ereignis – Gott von Gott, Licht vom Lichte. Aus Rhetorik wird Bildhaftigkeit. Und diese Idee der Bildhaftigkeit ist es, die Bruckner für das »cujus regni« und für das »simul adoratur« ganz neue Lösungen finden läßt. »Glänzend/glorreich« hatte Beethoven in einem seiner Skizzenbücher zum »cujus regni« als Arbeitsidee notiert, und die lange Textpartie, zu der das Trinitätsgeheimnis mit seinem »simul adoratur« gehört (»Et in spiritum« bis »peccatorum«), arbeitet er, unterlegt durch permanente Credo-Rufe, in texdeklamatorischer Ökonomie ab.

Dann aber wird Bruckner der so überraschende Schluß in Beethovens unendlicher, das Leben einer zukünftigen Welt beschwörender Credo-Fuge mit seinen aufsteigenden, verschwebenden Skalenläufen zuerst der Solisten, dann der Streicher und schließlich der Holzbläser sehr beschäftigt haben. Ein »Allegro con moto« wendet sich zum »Grave«. Beethoven hatte dazu notiert: »et vitam venturi seculi verklärt/und künftige Leben«. Hier war ein Moment der Meditation, wie Bruckner ihn suchte. Und die aufsteigenden, verschwebenden Skalen seines »cujus regni«, bevor dann der Blick in eine andere Welt und damit in eine erschreckende neue Dimension sich öffnet (T. 304-309): Sie sind der

38 Kirsch 1958, 200.

Reflex dieser Beethovenschen Meditation, die ihrerseits abrupt auf einer dritten Zählzeit abbricht.[39] Bruckner selbst aber findet eine andere Lösung für den Schluß seiner Credo-Fuge: Nach immer reicher, komplexer werdender Kontrapunktik, die sich progressiv zwischen interpolierten homophonen Credo-Rufen entfaltet, und einer am Ende stehenden knappen Engführung im Taktabstand (T. 498 ff.), die auf dem von der Grund- und Ausgangstonart C weit entfernten Dominantseptakkord von Des endet, setzt er noch einmal ein dezidiert rhetorisches Mittel ein, das der Aposiopese, die er hier in eine outrierte Semantik vorantreibt: Auf eine Generalpause mit Fermate folgt ein ganztaktiges freiliegendes Paukentremolo auf G im dreifachen *Piano*, bevor schließlich der Chor weitere drei Zählzeiten später, vorbereitet durch und begleitet von einer auf- und absteigenden Skalenfigur der Oboe, in C (Quartsextakkord) wieder einsetzt und einem triumphalen Schluß zustrebt. »Et vitam venturi saeculi«: Hier ist ein zweites Mal vom unausdenkbaren Unendlichen die Rede, von einer Ewigkeit jenseits unserer Vorstellungskraft, wie sie das »cujus regni« schon aufgerufen hatte. Und nach dem Stau eines überforderten Denkens auf einem Grenzpunkt geht in der Generalpause der Blick für einen langen Augenblick in eine andere Welt, die auch ein Nichts sein könnte.

»Er erschöpft sein Thema wie ein tiefer Denker«, schrieb der hellsichtige Kritiker der Wiener *Morgenpost* anläßlich der Uraufführung der *Messe f-moll* im Juni 1872 in der Wiener Augustinerkirche.[40] Was geschieht nach dem Jüngsten Gericht, das unsere Zeit zu einem Ende bringt? Was heißt »non erit finis«? Wie kann man Unermeßlichkeit denken? Das ist die abgründige Frage, die Bruckner radikal stellt, wenn er die Glaubensinhalte des Credo-Textes musikalisch behandelt. Wenn es richtig ist, daß in Beethovens meditativem Credo-Schluß, der ins Offene abbricht, »das ›Leben der zukünftigen Welt‹ nicht in der gewohnten Weise als kraftvolles, physisches Weiterleben vorgestellt [wird], sondern als

39 Friesenhagen 1996, 434-436. Dort auch die Nachweise der Zitate aus den Skizzenbüchern.

40 Zit. nach Maier 2013, 116.

Friede, Entrücktsein von der Hetze und dem Lärm des Diesseits«, so Warren Kirkendale in seinem grundlegenden Aufsatz »Beethovens Missa solemnis und die rhetorische Tradition«,[41] dann wird im Kontrast Bruckners Frage an den Text umso plastischer. Es ist eine im eminenten Sinne philosophische Frage, die sich, zumindest für einen Augenblick der Erschütterung, von den Fundamenten der Religion löst, die selbst diese Frage aufwirft, »der sie aber nicht frei nachgehen kann, solange sie Religion ist und bleiben will«, wie Dieter Henrich es 2015 in einem Interview formuliert hat, in dem es unter anderem um die Frage des Verhältnisses von Philosophieren und Religion ging.[42] Sie ereignet sich im Feld einer »natürlichen« oder »spontanen Metaphysik«, die aller disziplinförmigen, systematischen Philosophie – als deren Antrieb – vorausgeht und die in der Kunst einen vorzüglichen Ort ihrer Artikulation hat.[43]

Die exterritoriale Episode des »cujus regni« endet mit der Wiederkehr der punktierten Skalen, in die das »Machtwort« der Blechbläser in E-Dur eingreift. Und auf die den Blick in ein Nichts aufreißende Generalpause des »et vitam venturi saeculi« folgt ein emphatischer Schluß des Satzes mit der Augmentation des anfänglichen Credo-Themas: Auf Verstörung, Erschütterung, Anhalten der Zeit folgt Affirmation, die mehr oder weniger gewaltsam herbeigezwungen wird. Allzu oft und allzu lange hat sich die Bruckner-Exegese mit dieser Affirmation beschäftigt – emphatisch oder vordergründig im abwehrenden Gegenzug. Für Bruckners künstlerisches Handeln aber sind die Momente der Verstörung und die Weisen ihrer Stabilisierungsversuche wesentlich signifikanter. Aus der nie wirklich aufgelösten fundamentalen Spannung zwischen Verstörung und Affirmation gewinnt es seine Logik – trotz allen *Te Deum*-Jubels (in den ja mit dem Baß-Solo »Et rege eos [...] usque in aeternum« und der anschließenden Chor-Meditation über das »aeternum« – T. 291 ff. – ein Blick in die Ewigkeit eingeschrieben ist).[44]

41 Kirkendale 1970/83, 75.
42 Henrich 2015, 31.
43 Henrich 2016, 55 ff; 148 ff.; 397 ff.
44 NGA, Bd.XIX – hierzu schon Scheder 2009.

Daß von Bruckners persönlicher Frömmigkeit nur mit größter Reserve die Rede sein kann, liegt allein schon aus methodischen Gründen auf der Hand. Den Dschungel der dieses intime Feld berührenden Anekdoten und zweifelhaft überlieferten Selbstäußerungen bis zur nur kolportierten »Widmung« der 9. Symphonie an den »lieben Gott« (die allen philologischen Grundsätzen zum Trotz sogar, wenn auch in eckigen Klammern, Eingang gefunden hat in die 2. Auflage der Partitur innerhalb der Kritischen Gesamtausgabe und die seitdem in den Medien eine fatale Rolle spielt) werden wir nicht betreten.[45] Entscheidend aber ist: Wir rekonstruieren Strukturelemente seines künstlerischen Handelns als eines professionellen, das sich im übrigen vom Handeln anderer Berufsgruppen, auch dem unter Frömmigkeitsaspekten nächstliegenden, dem priesterlichen Handeln, nicht unterscheidet: Distanz ist überall die fundamentale Voraussetzung, nicht Einfühlung oder fromme Versenkung, die ohne Distanz immer kontraproduktiv bliebe. Und große Musik auf liturgische Texte, die auch liturgisch einsetzbar ist, kann auch von »Unfrommen« geschrieben werden, sofern sie zu denken in der Lage sind: so z. B. die *Grande Messe des Morts* von Berlioz, der sich auf den Requiem-Text wie auf eine lang ersehnte Beute stürzte.[46] Hellsichtig schrieb später Camille Saint-Saëns über dieses Werk – abwägend, ob man es weltlich oder religiös nennen sollte: »ce qu'elle exprime surtout, c'est l'épouvante devant le néant« – »was das Werk vor allem zum Ausdruck bringt, ist das Grauen vor dem Nichts.«[47] Der Kritiker Ludwig Speidel hat das anläßlich einer Aufführung von Bruckners *Messe f-moll* im Jahr 1893 im Wiener Akademischen-Wagner-Verein klar gesehen: »Er legt das Dogma künstlerisch aus, und zwar als moderner Künstler […].«[48]

45 Cohrs 2012, 78-107; 167-173; bes. 91 (Anonymus im Wiener *Neuigkeits-Weltblatt* vom 13.10.1895, 5).

46 »[…] une proie dès longtemps convoitée […], sur laquelle je me jetai avec une sorte de fureur.« Hector Berlioz, *Mémoires*, Hg. Pierre Citron, Paris 1991, 270.

47 Saint-Saëns 1913, 213.

48 Maier 2013, 125.

IV. Es war gänzliche Verkommenheit und Verlassenheit …

Am 14. September 1867 beginnt Bruckner mit den Skizzen zur *Messe f-moll.* Wir können den Entstehungsgang dank zahlreicher Datierungen in den erhaltenen Skizzen und in der am Ende des Jahres begonnenen Partitur sehr gut verfolgen. Sind die Skizzen verloren, so bleiben immer noch die akribischen Datierungen in der Partitur, die häufig den Entstehungsprozeß rekapitulieren, indem sie die Entstehungszeit der Skizzen zusammen mit den aktuellen Daten erneut notieren – ein erstaunliches »rückversicherndes« Verfahren, das seinem Arbeitsstil auch weiterhin eigentümlich sein wird. Bruckner arbeitet sich gemäß der Folge der Ordinariumstexte bis zum Credo vor, dessen Skizze er nach Angaben der späteren Partitur am 27. November vollendet. Über das (kurze) Sanctus wissen wir nichts, die Skizze des Bendictus aber datiert er acht Monate später in der Partitur auf den 24. Dezember! Besser konnte es nicht kommen: Das christologische Thema par excellence, die Ankunft des Gottessohnes, wird am Heiligen Abend behandelt. Und danach beginnt Bruckner offenbar unmittelbar mit der Partitur des Credo. Kyrie und Gloria müssen warten; das Agnus ist nicht einmal skizziert.

In der im Stift Kremsmünster aufbewahrten Credo-Skizze[49] finden wir ein weiteres Datum aus dem Prozeß der Skizzierung, das auch später in die erste Niederschrift der Partitur bei »judicare« (späterer T. 260) aufgenommen wird.[50] »21. Nov.« steht am Ende dieses Passus, der mit »vivos et mortuos« schließt. Skizziert ist ein Auslaufen der Streicherbewegung bis zum Stillstand, wie wir es aus der fertigen Partitur vor dem Neueinsatz mit dem »cujus regni« kennen. Zum »cujus« ist keine Skizze erhalten. Und die nächste Datierung (»Nov./22«), wieder mitten in der Partitur, findet sich erst beim Beginn des dritten Großteils (»Et in spiritum«,

49 Kr C56.2, fol. 12r. Vgl. hier und im folgenden NGA, Bd. 18, Revisionsbericht.
50 Kr C56.2, fol. 13r.

späterer T. 327).[51] Solche »Binnendatierungen« kommen in keinem anderen Satz vor. Von Anfang an also hat Bruckner, als er mit dem bilderreichsten, komplexesten Satz des Messordinariums die Arbeit an der Partitur begann, den Blick in eine verstörende Unendlichkeit aus dem sonst üblichen kompositorischen Fluß isoliert.

Der Krise der Einbildungskraft im Werk ging eine strukturhomologe Krise der Einbildungskraft im Leben voraus, ein Blick in einen Abgrund. Am 8. Mai 1867 begab sich Bruckner in die Kaltwasser-Heilanstalt Bad Kreuzen – offenbar in höchster Not, da er eine Nervenkrankheit ohne Hilfe nicht mehr zu meistern vermochte. Eine nervöse Disposition läßt schon die Korrespondenz seit Beginn der sechziger Jahre erahnen.[52] Pausenloses Arbeiten auf der höchsten Konzentrationsstufe (die *Messe d-moll,* die *I. Symphonie* und die *Messe e-moll* entstehen in rascher Folge innerhalb von zweieinhalb Jahren) und einschneidende künstlerische Ereignisse und Erlebnisse (die Reisen nach München zu Wagners *Tristan* im Juni 1865 und nach Wien zu Berlioz' *La Damnation de Faust* unter des Komponisten eigener Leitung im Dezember 1866) mögen eine psychische Dynamik in Gang gesetzt haben, die irgendwann nicht mehr zu beherrschen war. Ein letzter Auslöser aber dürfte die Wiener Erstaufführung der *Messe d-moll* am 10. Februar in der Hofmusikkapelle unter Johann Herbecks Leitung gewesen sein, die Bruckner zwar den Kompositionsauftrag für die *Messe f-moll* eintrug, ihm aber auch eine Kritik bescherte, die den höchst kritikempfindlichen Bruckner aufs Äußerste beunruhigt haben wird,[53] auch wenn sie von grundsätzlichem Wohlwollen getragen war. Ludwig Speidel schreibt am 11. Februar im Wiener *Fremdenblatt* zur Auffassung des Messtextes: »Sie ist nämlich wesentlich poetisch [...]. Namentlich macht sich diese poetisierende, schildernde und malende Tendenz im eigentlichen Herzen des Meßtextes, im Credo bemerkbar; hier geht Bruckner jeder Verlockung zu poetischer Illustration in die Falle. Auf solche Weise geht der Satz der einheitlichen Stimmung verlustig, er zerbröckelt

51 Wn Mus. Hs. 2106, fol. 71v.

52 NGA, Briefe, I, 17 (600113); 44 (641010/1); 48 (650103).

53 Ein analoger, wenn auch minderschwerer Fall bei Maier 2009, 298 f. u. 303.

unter der Hand wie Linzer Torte.« Daß Göllerich und Auer diese Rezension nicht auffinden konnten (wollten), obwohl sie von zwei Linzer Zeitungen nachgedruckt wurde, paßt in deren hagiographisches Konzept.[54]

Als ein erstes »Lebenszeichen« aus dem Bad Kreuzener Kuraufenthalt, der bis zum 8. August dauerte, ist ein am 19. Juni an seinen Freund Rudolf Weinwurm geschriebener Brief erhalten, in dem Bruckner sein langes Schweigen erklärt:

> Es war nicht Faulheit! – ; es war noch viel mehr!!! – ; es war gänzliche Verkommenheit u Verlassenheit – gänzliche Entnervung u Überreiztheit!!! ich befand mich in dem schrecklichsten Zustande; Dir nur Dir gestehe ichs – schweige doch hierüber. Noch eine kleine Spanne Zeit, und ich bin ein Opfer – bin verloren. Dr. Födinger kündigte mir den Irrsinn als mögliche Folge schon an.
> [...]
> Gott seis gedankt, er hat mich noch errettet. [...] Liebster Freund, schreib mir doch einmal in meinem Exile mir Armen; Verlassenen.[55]

Das ist die zentrale Partie des Briefs und sein Resümee. Aus dem letzten Absatz erfuhr der Adressat auch, daß ihm Herbeck die offenbar im Februar nach Wien mitgebrachten Partituren der *I. Symphonie* und der *Messe e-moll* kommentarlos zurückgeschickt hatte. Der Brief ist in einem (relativ) sicheren Duktus der Hand geschrieben; zudem ohne alle Streichungen, Korrekturen und Ergänzungen, wie sie sonst in den Briefen an Weinwurm häufig vorkommen. Eine emphatische Klimax (Faulheit – Verkommenheit – Verlassenheit) wird sekundiert von einer aufwendigen, appellativen Interpunktion. Das ist keine spontane Niederschrift eines Verzweifelten, sondern ein vorab meditierter und wahrscheinlich skizzierter Text, der im dramatischen Umschlag vom Präteritum ins Präsens (»Noch eine kleine Spanne Zeit, und ich bin ein Opfer, bin verloren«) den namenlosen Schrecken aus der inzwischen gewonnenen Distanz re-inszeniert und zu einem Blick in den Abgrund model-

54 Maier 2009, 281.

55 NGA, Briefe, I, 66 (670619). Faksimile von Blatt 2 des Briefs bei Nowak 1973, 127.

liert: eine Vergegenwärtigung, wie sie das »cuius regni« auf seine Art realisieren wird, wenn sich der Blick ins Exterritoriale öffnet (T. 309 ff.). Und wie um dieser Ungeheuerlichkeit eine reale, medizinische Basis zu geben und den Adressaten vom Ernst der Lage zu überzeugen, fügt er in leicht kontrahiertem Schreibduktus hinzu: »Dr. Födinger kündigte mir den Irrsinn als mögliche Folge schon an.«[56] Auf Verstörung und Erschütterung aber folgt Affirmation: »Gott seis gedankt, er hat mich noch errettet« (Abb. 5).

Zu dieser Modellierung bedient sich Bruckner zweier starker Begriffe: »Verlassenheit« (zwei Mal) und »Opfer«. Sie entstammen einer Vorstellungswelt, die durch die Leidensgeschichte Christi tief geprägt ist. Verlassenheit ereignet sich während und am Ende der Gethsemane-Episode, in der Christus in unermeßlicher Angst die Unabwendbarkeit seines Opfertodes erkennen muß: »Da verließen ihn alle Jünger und flohen« (Matth. 26,56; Mark. 14,50), nachdem sie vorher immer wieder in Schlaf gefallen waren; und dann erneut im Moment des Opfers selbst, wenn er auf dem Scheitelpunkt der Klimax seiner Leiden »Eli, Eli, lama asabthani« – »Mein Gott, mein Gott, warum hast Du mich verlassen« ruft (Matth. 27,46; Mark. 15,34). Auch wenn dem im Alltag gern etwas larmoyanten Bruckner das Wort »Verlassenheit« gelegentlich in minder gravierenden Kontexten aus der Feder fließt[57] – hier ist es todernst gemeint: Verlassenheit nach der Flucht der Jünger (im »Exil«), Verlassenheit im »Opfer«, das sind die beiden Konstellationen des biblischen Berichts, auf die er sich bezieht, die zweite ungleich gravierender als die erste. Denn zur Menschenferne, die er oft beschwört, tritt hier, als die fundamentale Erschütterung aller Orientierung, die Gottesferne – vergegenwärtigt eben durch den Sprung ins Präsens.

Wie sehr Bruckners Vorstellungswelt von dem geprägt war, was alljährlich die Liturgie der Karwoche in Erinnerung rief, zeigt sein Brief an den Linzer Domdechanten Johann Baptist Schiedermayr vom 19. Juni 1869, der eine maßgebliche Rolle für Bruckners Re-

56 Die Sperrung in NGA, Briefe, falsch.

57 So z. B. NGA, Briefe, I, 1 (520319); 64 (661211); 90 (680620/1); 206 (831113/2) mit Bibelzitat; 271 (850707/2); 278 (851106); II, 13 (870602); 85 (901002/1); 210 (930310); 230 (930829/2).

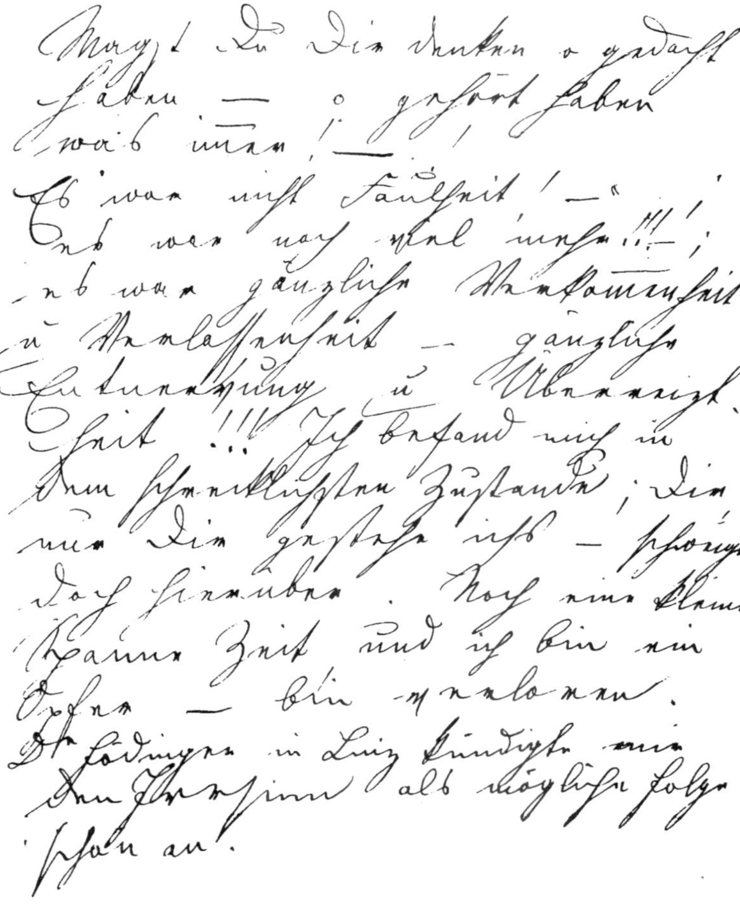

Abb. 5: Aus dem Brief vom 19. 6. 1867 an Rudolf Weinwurm (nach Nowak 1973, 127)

habilitation gespielt und der ihn offenbar auch in Bad Kreuzen besucht hat.[58] In diesem und in weiteren Briefen an Schiedermayr[59] bearbeitet er erneut, aus zeitlichem Abstand, den ihn so tief verstörenden Blick in ein drohendes Nichts. Nun ist das »Modell« Gethsemane offenkundig, denn Schiedermayr ist für ihn der Engel,

58 NGA, Briefe, I, 67 (670705); 70 (670810).
59 NGA, Briefe, I, 118 (700621); 134 (720632).

der im Lukas-Evangelium den blutschwitzenden Christus stärkt (Luk. 22,43):

> Dank ist es, und abermals Dank, der mir diktirt, der mich überwältigt und mich aller männlichen Standhaftigkeit beraubt, ja mich oft bis zu Tränen rührt. Dank, den ich schulde, in hohem Grade schulde, einem Manne, der [...] sich veranlaßt sah, einem armen Verlassenen u bedeutend Leidenden in seiner Noth so liebreich u väterlich beizustehen. Dank, ewigen Dank dem Herrn der Welt! In dem verlassendsten Zustande sandte er mir Hülfe, würdig der eines Engels! Das habe nur ich damals empfunden! – u jetzt staune ich, sehe es ein, u begreife es! *Halleluja!!!*[60]

Aber Schiedermayr ist in glücklicher Personalunion zugleich auch ein väterlicher Retter, wie ihn Christus vergeblich beschwor.

Ist das reflexionslose Christus-Imitatio aus naiver Frömmigkeit? Oder ist es vermessene Christus-Identifikation, gar Blasphemie? Wieder müssen wir einen Standpunkt jenseits der Frage nach Bruckners privater Frömmigkeit einnehmen. Die Liturgie der Karwoche war für ihn auch ein tiefes, vielleicht *das* Bildungserlebnis. Und für eine ihn tief erschütternde Lebenserfahrung, für den Blick in ein Nichts, sucht er nach Modellen, die es erlauben, diese Erfahrung selbststabilisierend zu bearbeiten, Distanz zu ihr zu gewinnen und sie damit für sein künstlerisches Handeln allererst fruchtbar zu machen. Die – getrost auch fromme – Ergriffenheit von den Texten der Bibel ist der notwendige Motor dieses Prozesses, so wie Hector Berlioz in enthusiastischer Selbstidentifikation von Shakespeares Hamlet oder Romeo ergriffen war. Aber erst, wenn in der Reflexion Modelle daraus werden, die existenzielle Erfahrung objektivieren und allgemein anmutbar machen, entsteht im besten Fall Kunst. Die Arbeit am Credo der *Messe f-moll*, bei der er Speidels Kritik an der *Messe d-moll* trotzig die Stirn bietet, war ein solcher Prozeß, der ihn noch einmal (und so wird es immer wieder sein) unter starke Anspannung setzte: »In der neuen Messe wird das *Credo* bald fertig sein. [...] Mir geht es jetzt wieder etwas aufgeregter, was natür[liche] Folge der Anstregungen ist«,

60 NGA, Briefe, I, 108 (690619/1).

schreibt er am 7. Januar 1868 an Weinwurm.[61] (Eine merkwürdige Parallele: Cherubinis Gründungswerk einer neuen Stufe texthermeneutischer Messkomposition, die *Messe à trois voix* in F-Dur von 1808/09, entstand ebenfalls am Ende einer schweren Nervenkrise auf dem Château de Chimay, in das er sich – botanisierend – zurückgezogen hatte).

Gethsemane war und bleibt für Bruckner ein Schlüsselthema. Das Strophenlied *Passionslied. – Nach dem Italiänischen, wie es die Pifferari in Rom während der Fasten sehr rührend singen* mit seinem auf das Lukasevangelium zurückgehenden Naturalismus hatte schon um 1848 den Dreiundzwanzigjährigen beschäftigt und zu einer kleinen, für Passionsandachten bestimmten Lied-Komposition in f-moll, zu der auch eine Version für vierstimmigen Chor entstand, angeregt:

> In jener letzten der Nächte,
> da ich am Ölberg gebetet,
> war ich vom Blutschweiß gerötet,
> goß ihn in Strömen für dich.
> Weh! und wer weiß, ob wohl je
> du auch denkest an mich.[62]

Der vielstrophige Liedtext, der mit seiner Ansprache an die Gläubigen den appellativen Duktus der Improperien vom Karfreitag aufnimmt und ins Volkstümliche wendet (»Popule meus, quid feci tibi?«– »Mein Volk, was habe ich Dir getan«),[63] war im ganzen 19. Jahrhundert in geistlichen Liedsammlungen, Erbauungsbüchern, Almanachen und Zeitschriften verbreitet. Zuerst greifbar wird er mit der oben zitierten Überschrift in Melchior von Diepenbrocks *Geistlicher Blumenstrauß aus christlichen Dichtergärten* (Sulzbach 1829). Diepenbrock, der spätere Fürstbischof von Breslau, gilt auch als der Übersetzer bzw. Nachdichter. Möglich, daß Bruckner den Text aus dieser Sammlung kannte, und nicht, wie bisher vermutet, aus dem evangelischen Erbauungsbuch *Die heilige Passion,*

61 NGA, Briefe, I, 77 (680107).
62 NGA, Bd. XXI, Nr. 15.
63 Maier 2014, 7.

gefeiert in Liedern, Betrachtungen und Gebeten. Herausgegeben vom christlichen Vereine im nördlichen Deutschland (Halle 1840 und viele weitere Auflagen), in dem es als »Einlage« in heftig moralisierende Betrachtungen fungiert, die es schier erdrücken. Der junge Bruckner jedenfalls ergreift das outrierte Bild des aus abgründiger Angst bluttriefenden Christus, wie es der Bildhaftigkeit des katholischen ländlichen Raums nicht fremd war. Die dafür erforderlichen musikalischen Mittel, die das gültig gestalten könnten, aber fehlen ihm noch.

Fast 40 Jahre später findet sich im Notizbuch, das er um 1885/86 benutzte, ein enigmatisch erscheinender Eintrag, der wahrscheinlich aus dem Sommer 1886 stammt, als er bei Liszts Begräbnis in Bayreuth, wenig glücklich, die Orgel spielen mußte (Abb. 6). Der Eintrag beginnt mit einer in überdimensionalen Zahlen notierten Uhrzeit und fällt dann in eine normale, aber nicht gleichmäßige Schriftgröße zurück, so als sollte eine plötzliche Einsicht, ein Gedanke von großem Gewicht annonciert und im Entgleiten festgehalten werden. Eine Erregung schwingt noch nach; ein Wort bleibt unleserlich:

> 8. 48 M[inuten].
> Bayr.
> Kirche Christus
> Augen auf Schein
> links. Mantel
> blau, link. Auge
> (?????? Paar St. Florian)
> sichtbar.[64]

Daß es sich um das Protokoll einer Beschäftigung mit August Riedels Hauptaltarbild in der evangelischen Stadtkirche von Bayreuth handelt, das die Gethsemane-Szene zeigt (Abb. 7), hat Elisabeth Maier zweifelsfrei geklärt. Und sie hat auch aufgrund der minutiösen Zeitangabe zu bedenken gegeben, ob es sich um ein besonderes, »sehr persönliches geistliches Erlebnis« handeln könne, das

64 Verb. Pers., I, 274 f.; II, 231, Abb. 13.

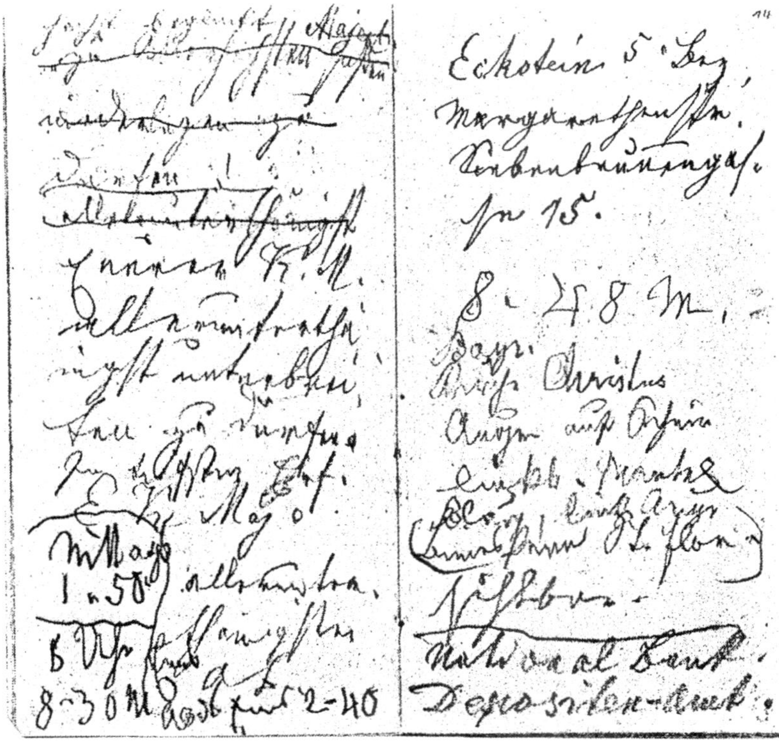

Abb. 6: Notizbuch um 1885/86, fol. 12v/13r, ÖNB Wien

hier »verschlüsselt, wie es seine Art war«, festgehalten worden ist. Nicht deuten konnte sie die Notiz »St. Florian«.

Was Bruckner notiert, ist vordergründig banal: Christus, der einen blauen Mantel trägt, blickt nach links auf den von dort einfallenden Lichtschein. Man sieht sein linkes Auge. Interessant werden diese elementaren Beobachtungen erst, wenn es, wie im Falle des Rigi-Blicks, eine Vergleichsinstanz gibt. Und diese wird mit dem in Klammern notierten Stichwort »St. Florian« aufgerufen: Der Referenzpunkt kann nur das Ölberg-Fresko in der Vorhalle der Florianer Stiftskirche sein, das sich mittig am Gewölbe der Orgelempore, also unmittelbar unter der großen Orgel befindet, und unter dem der Sängerknabe, der zum Stiftsorganisten und später zum häufigen Gast in St. Florian wurde, hunderte Male die Kirche

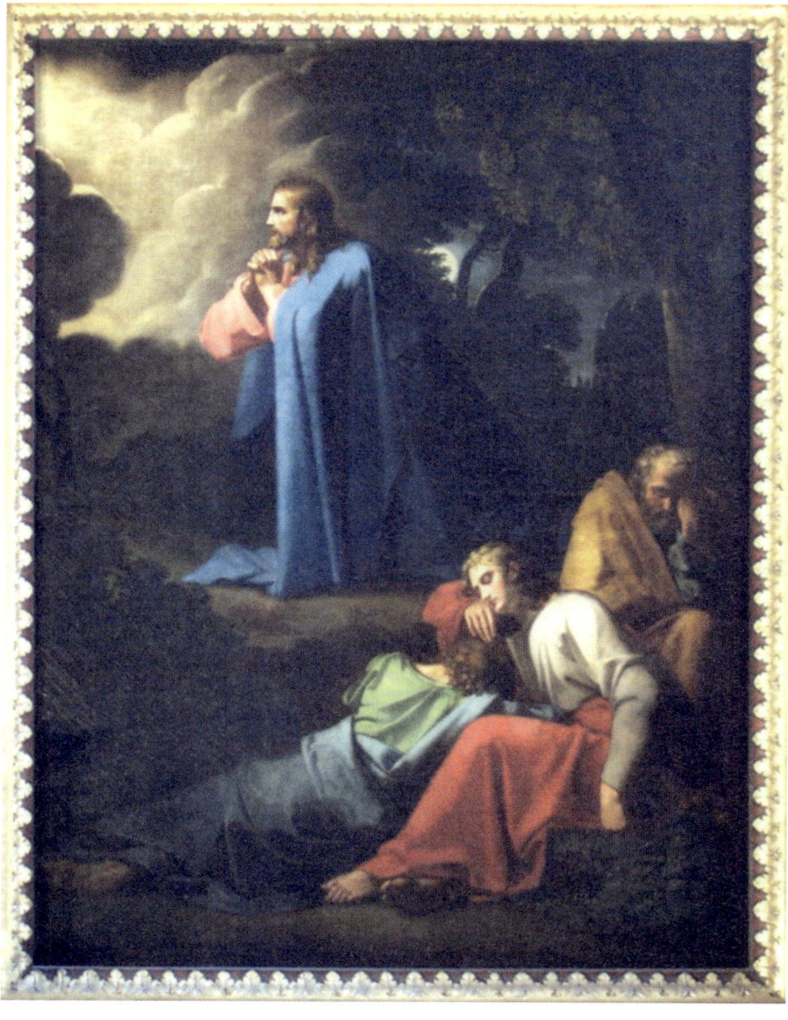

Abb. 7: August Riedel, Hauptaltarbild in der ev. Stadtkirche Bayreuth (Foto: M. Kleineidam)

betreten hat. (Das Fresko wird dann 20 Jahre später zum Bindeglied in der Vertikale von Bruckners Orgel und seinem Sarkophag in der Gruft der Stiftskirche werden.)

In St. Florian (Abb. 8) spielt die Szene vor einem intensiv nachtblauen Himmel. Christus trägt ein violettes Gewand. Von links oben fällt durch Wolken ein rosa-orangefarbener Lichtschein herein. Im sich neigenden und aus dem Profil halb nach vorne, zum Betrachter gedrehten Gesicht Christi erahnt man das zweite Auge (»Paar«). Bruckner notiert Übereinstimmungen und Differenzen: das Blau nicht im Himmel, sondern im Mantel; der Lichtschein von links identisch; das halb nach vorne geneigte Augenpaar statt eines streng auf den Lichtschein ausgerichteten Profils, das nur ein Auge sichtbar sein läßt.

Alles das, was ihn wirklich beschäftigt haben muß, bleibt in Bruckners Protokoll fast ungesagt. Im Florianer Fresko erscheint der stärkende Engel aus dem Lukasevangelium mit ausgebreiteten Flügeln im Licht, das ihn wie eine Gloriole umgibt. Ganz handfest stützt er den auf einem Felsvorsprung niedergesunkenen Christus, versucht, ihm aufzuhelfen. Die schlafenden Jünger liegen weitab links hinter dem Felsen im Halbschatten, über ihnen eine schmale Mondsichel. Von rechts hinten nahen die Schergen mit Fackeln. Das ist ein klassischer Fall barocker Bildrhetorik, die alle Elemente der Erzählung von Gethsemane virtuos vereinigt und vergegenwärtigt. In Riedels Bild dagegen fehlen die Schergen – und vor allem: der real existierende Engel. Es bietet eher ein Abstraktum dieser erzählerisch so hoch aufgeladenen Szene. Der knieende Christus hält sich steil aufrecht. Er bezieht seine Kraft ganz offenbar nur aus der Korrespondenz mit dem aus den Wolken brechenden Licht, in das er geradewegs blickt. Die drei Jünger sind nah bei ihm, rechts unten im Vordergrund. Sie partizipieren, wenn auch in Schlaf versunken, am großen Schein eines überweltlichen, entgrenzenden Lichts, für das der hinter Bäumen erscheinende Vollmond ein – in sich gerundetes – Repoussoir bildet.

Aber ist das Licht tatsächlich stärkend? Wenn es für Gottvater stünde: Verweigert der nicht seinem Sohn die Erfüllung der Bitte um Schonung? Eröffnet das Licht nicht vielmehr einen Blick ins rettungslos Ungewisse, in eine erschütternde Unermeßlichkeit (wie Payers Nordpol-Bericht sie erahnen ließ – oben Kap. II)? Ist es nicht ein Licht, das über alle irdische Erfahrung, symbolisiert vom milden Mondlicht, hinausgeht, und das es unter Aufbietung aller Kräfte auszuhalten gilt?

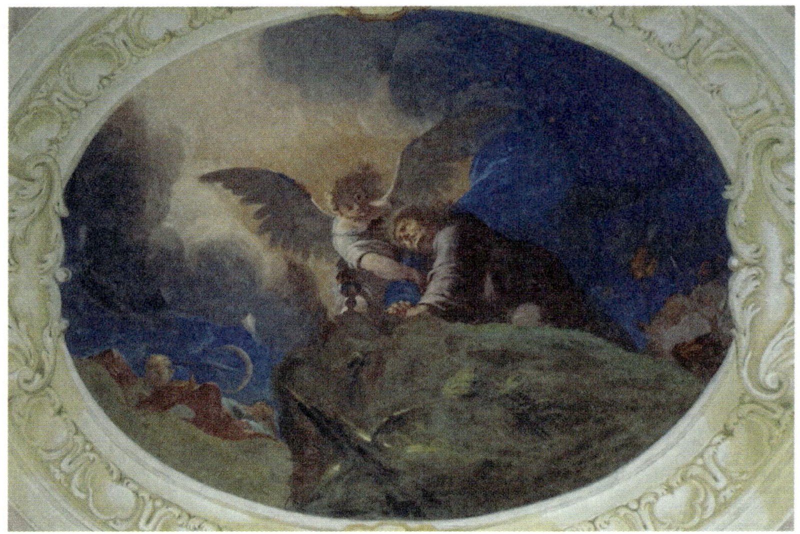

Abb. 8: Ölberg-Fresko in der Vorhalle der Stiftskirche St. Florian (Foto vom Verf.)

Der Spätnazarener August Riedel hat sich nicht auf das Lukasevangelium und auch nicht auf Matthäus oder Markus bezogen, die die Jünger in eine räumliche Ferne rücken. Christus muß diese Ferne drei Mal überwinden, ohne doch die Schlafenden zum Mitleiden bewegen zu können. Möglich, daß er bei diesem so wenig erzählerisch konzipierten protestantischen Kirchenauftrag an das Johannesevangelium dachte, das die Gethsemane-Szene gar nicht kennt, wohl aber am Ende der Abschiedsreden Jesu, beim sogenannten hohepriesterlichen Gebet, die Gemeinschaft von Vater, Sohn und Jüngern beschwört – so wie in Riedels Bild dann das überweltliche Licht die im Vordergrund schlafenden Jünger in die Szene einbezieht: »Und ich habe ihnen gegeben die Herrlichkeit, die Du mir gegeben hast, daß sie eins seien, gleichwie wir eins sind« (Joh. 17, 22).[65]

65 Martin Kleineidam, Pfarrer an der Stadtkirche Bayreuth, der sich intensiv mit dem biblischen und theologischen Hintergrund des Bildes beschäftigt hat, verdanke ich den Hinweis auf das Johannesevangelium.

Ob Bruckner das bedacht hat, ist fraglich. Für den »Denker« Bruckner bleibt jedenfalls die höhere Abstraktionsstufe, die er hier erkennen konnte und die über seine Erfahrungen mit »innerweltlicher« barocker Bildhaftigkeit (und über einen aus dem Lukasevangelium abgeleiteten Naturalismus) so deutlich hinausging, die entscheidende (und verstörende) Wahrnehmung. Sie verdichtet sich ihm in einem großartigen Augenblick – um 8.48 M. ! – in einen Blick in die Unermeßlichkeit und in einen großen Gedanken. Der Engel ist verschwunden, das Licht ist nicht mehr rosa – und das gleißende Licht, das an seine Stelle tritt, kann Trost und Nichts zugleich sein. So hat Bruckner schon 1867/68 die die Grenze der Vorstellungskraft berührenden und überschreitenden dogmatischen Aussagen des Credo-Textes in eine äußerste Konsequenz und damit in die Krise getrieben: von der Rhetorik zum Durchblick. Das von Elisabeth Maier vermutete »geistliche Erlebnis« können wir präziser fassen: Es war ein Erlebnis der äußersten Anspannung des Denkens – eines Denkens, das es wagt, die Dogmen weiterzudenken, über sie hinauszugehen und sich vor der Erschütterung durch die Abgründe, die sich da auftun, zu erhalten.

Bruckners Vorliebe für Riedels Bild gehört in den leidigen Anekdotenschatz, der hier einmal durch den Tagebucheintrag ein Fundament erhält. Aber wie klingt das im Text von Max Auer, der immerhin eine pathetische Version August Göllerichs schon sehr versachlicht: »In der evangelischen Christus-Kirche war auf der linken Seite ein Bild ›Christus am Ölberg‹ von dem am 27. Februar 1799 in Bayreuth geborenen und am 6. August 1883 in Rom verstorbenen Maler August Riedel, das Bruckner stets bezauberte. Wenn ihn der Weg an der Kirche vorbeiführte, unterließ er es nie hineinzugehen, um vor dem Bild, auf den Knien liegend, zu beten. Für ihn war Christus hier ebenso zuhause wie in der katholischen Kirche«.[66] Das ist mehr als fraglich. Aber die Differenzen verblassten vor dem überwältigenden Thema.

66 Göll.-A., II, 1, 93 f.; IV, 2, 186.

V. ...quod est super omne nomen – der über alle Namen ist.

Daß Bruckner im Jahr 1891 einen mehr als ein halbes Jahrhundert alten Kompositionsversuch des Zwölf- oder Dreizehnjährigen aus einer sicherlich größeren Anzahl solcher Versuche rettet, ihn »restaurirt«, d. h. verbessert, und ihn so de facto zu seiner ersten Komposition macht, kann man getrost als eine autobiographische Geste eines Künstlers verstehen, der sich sonst so wenig auf solche Stilisierungen verstand.[67] Geht es doch um die Vertonung eines Stücks aus der Karwochenliturgie: um den eucharistischen Hymnus *Pange lingua,* der am Ende der Gründonnerstagsmesse gesungen wird, wenn das Altarssakrament in einer Prozession vom Hauptaltar zu einem entfernten Aufbewahrungsort getragen wird. Die bald darauf folgende »denudatio altaris«, die Entblößung des Altars, vollendet ein Bild der Verlassenheit. (»Diese Entkleidung [...] bedeutet, daß Christus Abends seiner Jünger beraubt wurde. Er blieb verlassen und allein«).[68] Ein Jahr nach dieser »Restaurirung« vertont Bruckner den Hymnus *Vexilla regis* für den Karfreitagsgottesdienst in St. Florian. Der ebenso bildhaft-realistische wie triumphale Kreuzeshymnus des Venantius Fortunatus aus dem späten sechsten Jahrhundert hat seinen Ort bei der nach der Verehrung des Kreuzes stattfindenden Prozession, mit der das Altarssakrament zum Zweck der Kommunion an den Hauptaltar zurückgetragen wird: zwei »rahmende« Hymnen, die mitten in der Passion das Heil vorscheinen lassen.

1844, acht oder neun Jahre nach dem *Pange lingua*, hatte Bruckner schon eine *Messe für den Gründonnerstag* geschrieben – ohne Kyrie und Gloria, aber mit der Vertonung des Graduale *Christus factus est*, dem er 1873 und 1884 zwei weitere Kompositionen widmete.[69] Der Text, dem Paulus-Brief an die Philipper (2,8 f.)

67 NGA, Bd. XXI, Nr. 1 u.39.

68 Charwochenbuch, 193. Ein Exemplar der vierten Auflage fand sich in Bruckners Nachlaß: Bruckner-Bestände II, 23/12, 277.

69 NGA, Bd. XXI, Nr. 5, 26, 30.

entnommen, faßt Passion und Triumph antithetisch auf engstem Raum zusammen. Der knappen Erinnerung an den Kreuzestod steht die Verherrlichung des Namens des Erlösers gegenüber:

> Christus factus est pro nobis obediens usque ad mortem, mortem autem crucis.
> Propter quod et Deus exaltavit illum: et dedit illi nomen, quod est super omne nomen.
>
> Christus ward für uns gehorsam bis zum Tod, ja bis zum Tod am Kreuz.
> Deshalb hat Gott ihn erhöht: er hat ihm einen Namen gegeben, der über alle Namen ist.

Der in Paulusscher Manier mehr räsonnierende als evozierende Text hat seinen Ort nicht nur in der Messe, sondern als Antiphon auch an herausragender Stelle im Offizium. Und was ihm an unmittelbarer Evokationskraft abgeht, das wird dort durch seine »Inszenierung« vollständig kompensiert. Er erscheint mit derselben (gregorianischen) Melodie, aber mit verlängerten Endmelismen bei »crucis« und insbesondere beim abschließenden »nomen« am Ende der aus Matutin und Laudes gebildeten drei sogenannten Trauermetten oder Tenebrae für die Kartage. Am Gründonnerstag reicht er nur bis »usque ad mortem«, am Karfreitag kommt der erweiternde Halbsatz »mortem autem crucis« hinzu, und am Karsamstag erst komplettiert der »antithetische« zweite Teil, die Verherrlichung, den Text. So wird er, auf die drei Passionstage bezogen, verlebendigt: Todesangst am Donnerstag, Kreuzestod am Freitag – und Vorschein des Triumphes über den Tod am dritten Tag. Ein pyramidaler Leuchter mit fünfzehn Kerzen steht vor dem Altar. Nach jedem der vierzehn Psalmen (neun der Matutin und fünf der Laudes) wird eine Kerze gelöscht, danach zum Canticum Zachariae *Benedictus Dominus Deus Israel* auch die Kerzen am Altar und in der Kirche. Die fünfzehnte Kerze, die Christus symbolisiert, wird fortgetragen und unter oder hinter dem Altar verborgen. Dann beginnt in der Dunkelheit das *Christus factus est,* zu dem alle das Knie beugen. Auf ein stilles Paternoster folgt schließlich der als erster Psalm der Laudes schon einmal erklungene Psalm 50 *Miserere.* Nach einem abschließenden stillen Gebet »wird hinter dem Altar mit der sogenannten Ratschen gepoltert«.[70]

Die überwältigende Dramatik und Bildhaftigkeit der Liturgie, die in die Wiederkehr des Lichts, sekundiert von einem dreifachen »lumen Christi«-Ruf am Beginn der Auferstehungsfeier am Karsamstag, münden wird, hat nicht nur die Romreisenden aller Länder alljährlich in Scharen in die Sixtinische Kapelle gezogen und zu enthusiastischen Berichten veranlaßt (für die die Faktur des abschließenden Allegrischen *Miserere*, nüchtern betrachtet, kaum Anlaß bot). Auch für den jungen Bruckner in St. Florian muß das ein ihn tief ergreifendes Erlebnis gewesen sein, das er mit wachsenden Kenntnissen immer gründlicher zu bearbeiten sucht. Wenn er seine beiden Motetten auf diesen Text schreibt, dann steht ihm die dramatische Klimax der sich sukzessive komplettierenden Textsegmente, die auf den Karsamstagstext der künftigen Verherrlichung als Ziel hinausläuft und diesem ein ganz besonderes Gewicht verleiht, lebendig vor Augen und Ohren. 1873 widmet er dem dritten Textsegment 49 von insgesamt 61 Takten, 1884 sind es 59 von 79. Ganz besonders aber beschäftigt ihn der letzte Halbsatz »quod est super omne nomen« (1873 mit 30 Takten die Hälfte der Komposition, 1884 mit 47 Takten fast zwei Drittel).

»Der über alle Namen ist« (so Luther), oder genauer »der über jeden Namen erhaben ist«: Hier war ein Gedanke zu fassen, der Bruckners Vorstellungskraft aufs Äußerste herausforderte; ein Grenzgedanke, von dem er sich unwiderstehlich angezogen fühlte. Ist der Name nur ein graduell höherer, oder ist er ein kategorial anderer? Er nähert sich diesem Gedanken in zwei Anläufen. 1873 beginnt er in d-moll mit einem einfachen Unisono von Sopran und Alt, kontrapunktiert von einer Violinstimme (die seinen Angaben zufolge auch wegfallen kann): zwölf Takte für die beiden ersten Textsegmente. Mit dem dritten Segment (»Proper quod«) erst tritt der vierstimmige Chor mit einem charakteristischen Kopfmotiv in fugiertem Satz ein. Er wandelt sich, nachdem A-Dur erreicht ist (»exaltavit illum«, T. 21), zur deklamatorisch eingesetzten, zwi-

70 Charwochenbuch, 153.

schen Baß und dem übrigen Chor alternierenden Homophonie, in die die Posaunen zunehmend eingreifen, wächst auf zur Siebenstimmigkeit und endet *ff* in einer emphatischen Wendung über Des nach As. »Et dedit illi nomen« wird mit dieser Klimax beschworen – eine große rhetorische Geste, ein Doppelpunkt, dem nun in vier Abschnitten (zwei »irregulären« sieben- und zwei achttaktigen) wie in viermaliger Versicherung das »quod est super omne nomen« folgt. Wie nun den Gedanken eines alle anderen überbietenden Namens, wie die Idee des »super« schlechthin musikalisch realisieren?

Bruckner superponiert, ausgehend vom Pedalton As im zweiten Baß, der über fünf der sieben Takte gehalten wird, Stimme über Stimme bis hin zur Achtstimmigkeit (Notenbeispiel 2). Erst im Taktabstand, dann im Abstand halber Takte setzen auf den Taktschwerpunkten die Stimmen, von der tiefsten bis zur höchsten, mit jeweils drei in der Skala aufsteigenden Schritten ein. Sie realisieren in der Sukzession ihrer Einsätze aufsteigend die diatonische As-Dur Tonleiter, sozusagen im Stabwechsel. Erst vom vierten Takt an treten Sekundreibungen und chromatische Fortschreitungen in die Terzenschichtung ein und schärfen die Klimax, die sich schließlich nach C-Dur entlädt – so der erste siebentaktige Abschnitt. Sofort setzt, eine Stufe höher, über B, ein zweiter solcher Auftürmungsprozeß ein, dieses Mal sogleich geschärft durch eine permanente Spannung zwischen B und c. Er endet in D-Dur. Und so könnte – oder müßte es sogar – in der Anstrengung, das Unfaßbare darzustellen, immer weiter gehen: ein seiner Idee nach infiniter Progress, in dem sich aber die musikalischen Mittel, wenn sie auf immer weitere Schärfung und Steigerung ausgingen, verbrauchen würden. »In einem ungeheuren Anstieg ohnegleichen wird die Macht des Namens ›Jesus‹ dargestellt«, hat Leopold Nowak in seiner Untersuchung zu Bruckners Vertonungen des Namens »Jesus Christus« konstatiert.[71] Aber Jesus wird im Text explizit gar nicht genannt, und eine sich im Versuch der Darstellung des Unfaßbaren überfordernde und tendenziell verbrauchende Musik kann eine Machtmetapher nur ex negativo sein: indem sie im Versuch, das Übermäch-

71 Nowak 1965/85, 85.

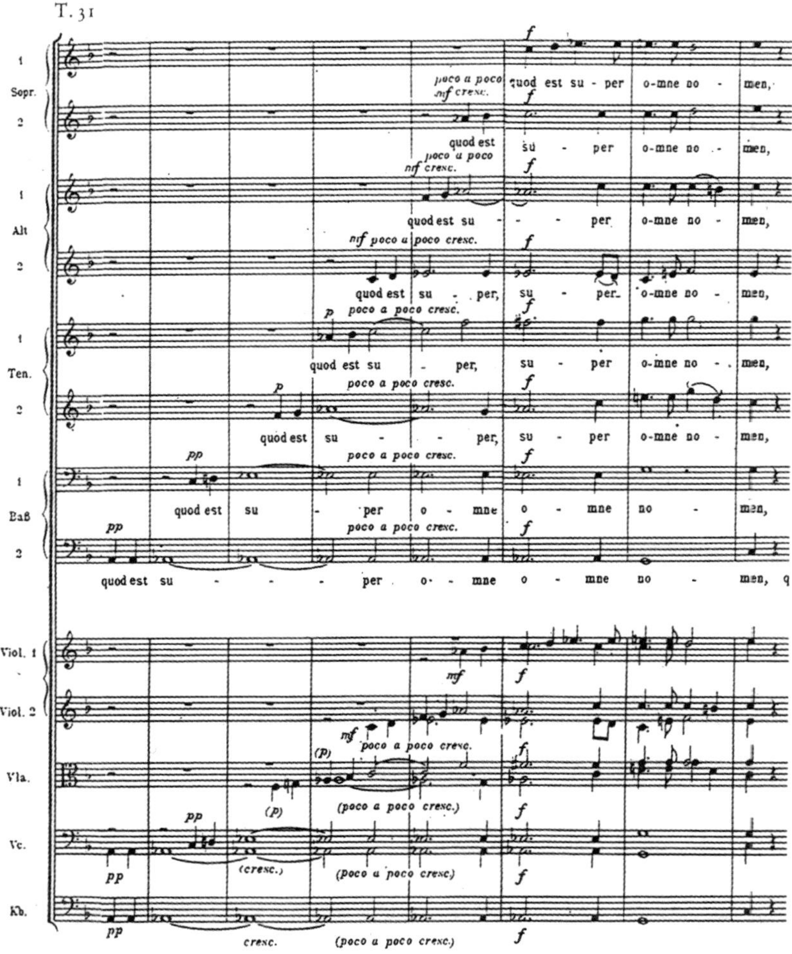

tige, Unausdenkbare darzustellen, an ihre Grenzen stößt. – Der folgende »regelmäßige« achttaktige Abschnitt, der sukzessive die Achtstimmigkeit zurücknimmt, führt über zwei gegenläufige, teils chromatische Baßlinien zur leeren Quint d–a (T. 35), auf die im letzten Abschnitt eine im Sopran frei einsetzende Non mit anschließender Vorhaltskette (4 Takte) und eine ausgedehnte, vollständige Kadenz nach D-Dur (weitere 4 Takte) folgen.

Das so außerordentliche Satzmodell der beiden Siebentakter hat, wie Imogen Fellinger gezeigt hat, ein Vorbild: den Beginn des achtstimmigen *Crucifixus* von Antonio Lotti aus dem ersten Drittel des 18. Jahrhunderts, ursprünglich Teil eines kompletten *Credo* bzw. einer ganzen Messe, das sich im ganzen 19. Jahrhundert großer Beliebtheit erfreute (Notenbeispiel 3).[72] Terrassenartig türmen sich hier gleich zu Beginn, beim Wort »Crucifixus«, die sukzessive einsetzenden Stimmen übereinander. 1825 hatte es Adolph Bernhard Marx bei Schlesinger in Berlin publiziert, und Friedrich Johann Rochlitz nahm es 1838 in seine bei Schott in Mainz erschienene *Sammlung vorzüglicher Gesangstücke vom Ursprung gesetzmässiger Harmonik bis auf die Neuzeit* auf. Werke von Lotti gehörten zum Linzer Repertoire ebenso wie zu dem der Wiener Hofmusikkapelle, für die Bruckner 1873 seine Motette schrieb – nicht für das Triduum der Karwoche, sondern als Einlage zum Fest der Unbefleckten Empfängnis Mariens am 8. Dezember, woraus sich der für die Kartage nicht vorgesehene Einsatz der Instrumente zwanglos erklärt. Hauptereignis des Tages war die erstmalige Aufführung seiner *Messe f-moll* in der Hofmusikkapelle. Ganz offensichtlich sollte das Graduale ein repräsentatives Stück werden, das sich zudem überbietend auf ein bekanntes Vorbild bezog. Soweit wir wissen, ist es später nur noch einmal aufgeführt worden: in St. Florian, wo sich von Bruckner selbst geschriebene (stützende) Streicherstimmen erhalten haben.[73] Es kam dann erst aus seinem Nachlaß wieder ans Licht.

Interessanter als die offenkundigen Gemeinsamkeiten von Lotti und Bruckner sind, wie immer, die Differenzen. Auf sie ist schon Imogen Fellinger eingegangen: Position im Stück, Motivbildung, Metrik. Der Sinn von Bruckners Transformation dieses Modells der Superposition, um den es doch gehen muß, ist darüber hinaus sofort deutlich: Bei Lotti handelt es sich um eine rhetorisch aufgerüstete Auftürmung des Schmerzes, signalisiert durch die permanenten Sekundreibungen bei jedem weiteren (synkopi-

72 Fellinger 1988.

73 NGA, Nr. XXI, VIII, 185 u. Revisionsbericht, 98-98.

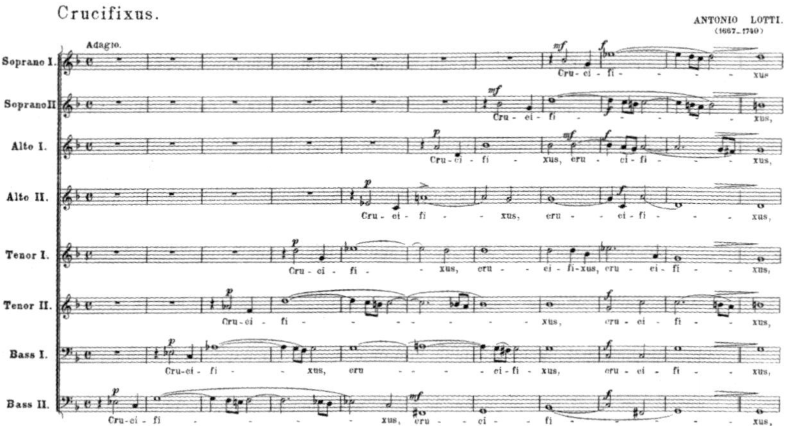

schen) Ansatz seines artikulierten, aus fallender Terz und aufsteigender Sext (bzw. Quint) gebildeten Kopfmotivs. Bei Bruckner ist es hingegen die Vorstellung eines stufenweisen Aufstiegs zur Idee eines (unerreichbar) Erhabenen, signalisiert durch den »Stabwechsel« der Stimmen. Aus Rhetorik wird auch hier Bildhaftigkeit (oben Kap. III).

Was aber ist die Pointe dieser Adaptation, wenn wir uns nicht mit einer vordergründigen Motivation zu Überbietung und Repräsentation zufriedengeben wollen? Im Spannungsfeld von Passion und Heil, von dem die Liturgie des Triduums strukturell geprägt ist, verwandelt Bruckner Lottis Modell des Schmerzes in eines der Erhebung zu unfaßbarer Größe. Aus dem Kreuzestod, wie ihn das *Crucifixus* und ebenso die ersten beiden Segmente des *Christus factus est* aufrufen, wird der große, unausdenkbare Gedanke des »super omne nomen«.

1884, als er zweieinhalb Monate nach der Fertigstellung des *Te Deum*, den Text zum dritten Mal vertont, beschränkt er sich auf einen durchgehenden vierstimmigen Satz a cappella. Die drei Textsegmente sind markant voneinander getrennt: die Hauptzäsur vor »Propter quod« durch eine Generalpause von fünf Vierteln, die auf eine gewichtige, viertaktige Kadenz nach Des bei »crucis«

folgt; die Zäsur zwischen den beiden ersten Segmenten aber durch den freiliegenden Baß mit seiner pathetischen Figur einer f-moll-Dreiklangsbrechung, die an den C-Schluß des ersten Segments unmittelbar anschließt und durch ihre Doppelfunktion von (tonalem) Bruch und Scharnier die Trennung umso fühlbarer macht.

Zwei Viertakter beschwören zu Beginn des dritten Segments die Erhöhung Christi, beim ersten Mal auf As, beim zweiten, eine Terz höher ansetzenden Anlauf auf H endend – zwei strahlende Dur-Schlüsse bei »exaltavit illi«, ausgezeichnet durch eine emphatisch aufstrebende Kadenz-Geste (die Bruckner nicht erst durch das Gralsmotiv des *Parsifal* kennenlernen mußte). Vier Takte später, nach zweimaliger knapper Deklamation von »et dedit illi nomen« im *Piano* und *Mezzoforte* (1873 der *ff*-Höhepunkt mit Posaunen, der ›Doppelpunkt‹), spürt Bruckner in insgesamt sechs Anläufen (47 von den insgesamt 79 Takten des Werks) erneut dem nach, was es heißen könnte: »über jeden Namen«. Reflexion, die 1873 erst am Ende, nach den beiden Siebentaktern mit ihrem Bild der Auftürmung einsetzte, durchdringt nun den ganzen Großabschnitt. Der Komponist wagt dabei einen Blick ins Kategoriale, ins ungeschützt Offene.

Gleich der erste Abschnitt (T. 33) beginnt in extremer Weise dissonant: Über dem tiefen c der Bässe setzen Alt und Sopran zugleich mit d' und e' ein, Reibungen kleiner Sekunden folgen in den nächsten Takten, jeweils auf der zweiten Zählzeit. Aus dieser dem Sujet geschuldeten »Ortlosigkeit« rafft sich die Musik noch einmal zu der emphatischen Kadenzgeste auf, die zwei Mal das »et exaltavit« ausgezeichnet hatte – dieses Mal auf C, so daß ein konstruktiver, triumphaler Steigerungszug (As–H–C) bis in diesen ersten Versuch, das Unausdenkbare zu formulieren, hineinreicht. Der dritte Abschnitt (T. 43 ff.) aber eröffnet dann, im Anhalten der Zeit auf dem Orgelpunkt A des Basses und mit komplementären, ineinandergreifenden Melismen der drei anderen Stimmen in Non- bzw. Sekund-Vorhaltsketten (wie in den ersten vier der letzten acht Takte der Vertonung von 1873) einen Meditationsraum.

Dessen Modell, das ist immer wieder bemerkt worden, stammt aus dem Kyrie der *Messe e-moll* von 1866 (T. 104 f.), und kurz vor der Komposition des dritten *Christus factus est* hat Bruckner es im *Te Deum* eingesetzt, wenn nach dem Baß-Solo »Et rege eos et extolle illos usque in aeternum« der Chor über das »aeternum« meditiert (T. 300 ff.). 1866, beim Kyrie der Messe, war es eine Schlußmeditation über die Macht des Herrn, dessen unerschöpfliches Erbarmen man jederzeit erflehen kann. Für zugespitzte Gedanken über Ewigkeit und unausdenkbare Erhabenheit bleibt es sehr geeignet. Jetzt aber, beim *Christus factus est,* treibt Bruckner die Meditation noch einen Schritt weiter, wenn er vor die Vorhaltskette dreieinhalb Takte setzt, die den Tonraum in extremer Weise spreizen: Über dem A des Basses setzt in T. 44 im Duodezim-Abstand der Tenor ein, dem einen Takt später der Sopran mit einer frei einsetzenden kleinen (dissonanten) Non folgt; der Alt schweigt. Für einen Augenblick eröffnet sich ein unwirklicher, fahler Raum, so wie im »cujus regni« der *Messe f-moll* nach dem Anhalten der Zeit der Blick in eine andere Welt sich eröffnete: eine erneute Krise der Einbildungskraft.

Energisch strebt Bruckner nach diesem Abschnitt der Affirmation zu: Ein chromatischer Aufstieg von Baß und Sopran treibt das »super omne nomen« bis zum Dominantseptakkord von D/d, und auf die Aposiopese einer ganztaktigen Generalpause folgt d-moll, die Grundtonart des Werks, in der dieser längste Abschnitt (15 Takte) dann auch schließt. Schwingt in der Aposiopese noch die Erschütterung nach, so signalisiert sie zugleich doch auch die Macht des Gedankens, der hier unter größter Kraftanstrengung festgehalten werden soll, und damit die Aporie aller reflektierenden Bemühung. Danach kehrt, ohne eine erneute Spreizung des Tonraums, das Modell der Vorhaltskette über dem Orgelpunkt wieder – ein Nachklang der Erschütterung des Denkens, der sich bis in den letzten, kadenzierenden Abschnitt mit seinen Sekundvorhalten fortsetzt. – Welch ein Weg von der *Messe für den Gründonnerstag,* deren Graduale *Christus factus est* immerhin dem »super omne nomen« innerhalb sehr schlichter Homophonie durch eine verflüssigte Melodik im Sopran und eine Gegenbewegung im Baß sowie eine aufsteigend sequenzierte Wiederholung des Wortes »nomen« besondere Aufmerksamkeit schenkt (T. 30 ff.), über den triumphalen, sein Scheitern in sich tragenden Ansatz 1873 bis zur reflektierenden Lösung von 1884, die Aporie und Gewißheit in ein schwebendes Miteinander zu bringen versucht.

»Christus ward für uns gehorsam bis zum Tod«, damit faßt Paulus im Brief an die Philipper lehrhaft das zusammen, was Matthäus- und Markusevangelium als dramatische Szene geben: Drei Mal betet der einsame, von den schlafenden Jüngern im Stich gelassene Christus in Gethsemane zum Vater, er möge den Kelch des Todes an ihm vorübergehen lassen, »doch nicht wie ich will, sondern wie Du willst« (Matth. 26,39; Mark. 14,36). Gehorsam in seiner radikalsten Form: Bruckners dritte Vertonung des *Christus factus est* bricht beim »obediens« aus der Homophonie in eine kontrapunktische, imitatorische Satzstruktur um, deren erregte, ineinander verschränkte »obediens«-Rufe der Soprane und Tenöre (punktierte Achtel und Sechzehntel; Oktavstürze im Sopran) in einen in Sekundschritten und halben Notenwerten sich vollziehenden Abwärtsgang von Baß und Alt eingeschrieben sind – ein dichter, zwischen den Stimmen synkopisch versetzter Gang, der Unentrinnbarkeit signalisiert. Und so kehrt der Satz bei »usque ad mortem« zur Homophonie zurück. Der Konflikt zwischen dem Aufbegehren des Sohnes und dem Willen des Vaters ist entschieden. Die folgende, über den Aufschwung einer kleinen Sext ausschwingende f-moll-Geste des freiliegenden Basses signalisiert die Ergebung in den Kreuzestod.

»Ergebung« ist neben Verlassenheit und Opfer Bruckners dritter Begriff im Gethsemane-Modell (oben Kap. IV). Erstmals zu fassen ist er in Rafael (später, als er Benediktiner im Stift Kremsmünster geworden war, Oddo) Loidols Mitschrift von Bruckners Universitätsvorlesung im Wintersemester 1879/80 und im folgenden Sommersemester. Der junge Loidol, späterer Widmungsträger des *Christus factus est* von 1884, traf hier zum ersten Mal auf Bruckner, brachte also keinerlei seine Notizen möglicherweise beeinflussendes Vorwissen mit. Deshalb sind seine Aufzeichnungen interessant und als authentisch einzustufen. Gegen Ende des zweiten Semesters notiert er in einer Randglosse stichwortartig einen Brucknerschen Exkurs, der um das »Rex tremendae« und das direkt darauf folgende »Recordare« aus Mozarts *Requiem* sowie in nicht rekonstruierbarem Gedankensprung um dessen Beerdigung kreist: »Recordare pathetisch [...] Mozart [...] (sein Begräbnis, diese Ergebung), excremendae (sic!), das ist die Musik aller Musik [...].«[74] Was immer Loidol da verstanden oder nicht verstanden haben mag, das Wort »Ergebung« und seine Zuordnung zu den Requiem-Texten wird er richtig gehört haben.

Ergebung ist dann das Schlüsselwort für die zweite Version der Koda des ersten Satzes der *VIII. Symphonie*, in der Bruckner den ursprünglichen affirmativ-dröhnenden, nach C-Dur sich wendenden Schluß streicht. Den ersten Satz nimmt er sich bei seiner Revision von 1889/90 als letzten vor. Auf den »negativen« Höhepunkt des Satzes (T. 369 ff.), der am Ende nur den freiliegenden, nackten Rhythmus des Hauptthemas in Hörnern und Trompeten, grundiert von unregelmäßigen Paukeneinsätzen, übrig läßt (ein »tremendum«), folgt *pp* über 25 Takte der Kopf des Themas in progressiver Verkürzung, bis am Schluß in fünfmaliger Repetition nur die chromatische Formel d–des–c in den Bratschen nachschlägt. Im oft und nicht immer mit der nötigen Sensibilität zitierten Brief an Felix Weingartner, von dem er sich die Uraufführung erhoffte, hat Bruckner den letzten, sich im großen Tumult vom *ff* zum *fff* steigernden Ausbruch des Orchesters und die Koda charakterisiert – und, wenn er von Ergebung spricht, den Gethsemane-Charakter des Satzschlusses benannt:

> Im 1. Satze ist der *Tromp*[eten-] u[nd] *Corni*satz aus dem Rhythmus des Thema: die Todesverkündigung, die immer sporadisch stärker endlich sehr stark auftritt, am Schluß: die Ergebung.[75]

74 Flotzinger 1975, 382.
75 NGA, Briefe, II, 114 (910127/2). Nur »[...]verkündigung« ist durch Unterstreichung hervorgehoben.

Verstörung beim Versuch, das Grenzenlose zu denken, und herbeigezwungene Affirmation; Aufbegehren und Ergebung im Gethsemane-Modell – nicht nur in Bruckners textgebundener Musik erscheinen solche polaren Verhältnisse, in denen sich eine fundamentale Krise manifestiert. Schon die zweieinhalb Jahre vor der *Messe f-moll* begonnene *I. Symphonie* verdichtet diese Krisenstruktur gleich zwei Mal zur großen Geste – und diese strapaziert ihr musikalisches Umfeld aufs Äußerste. Ihr Ort ist jeweils die dritte Themengruppe in der Exposition der Ecksätze. Dort folgt auf ein drittes Thema, das Elemente der ersten Themengruppe neu kombiniert und ihnen eine vorwärtstreibende Dynamik verleiht, ein Epilog, der so markant ist, daß man von einem vierten Thema sprechen könnte. Das geschah schon im ersten Satz der »Studiensymphonie« in f-moll aus der ersten Jahreshälfte von 1863. Dort war es eine fast penetrant symmetrische Oboenmelodie, abgeleitet aus dem Hauptthema, die Beruhigung und Schließung der Exposition signalisierte – ein wirklicher Epilog. Die »vierten« Themen der Ecksätze der *I. Symphonie* werden das genaue Gegenteil tun: Sie sind neue, nicht abgeleitete, kometenhaft einfallende Gebilde; sie erzeugen Verstörung und schließen nicht aus eigenen Kräften. Und das vierte Thema des ersten Satzes greift weit in dessen Durchführung hinein. Den Boden für eine solche »vierthematische« Anlage freilich bereitete schon die »Studiensymphonie«, in der Bruckner instinktsicher ein unverwechselbar neues, episches Satzmodell etablierte,[76] das er nun, anderthalb Jahre später, einer ersten, sogleich extremen Belastungsprobe aussetzt.

Zunächst zum vierten Satz, den Bruckner als ersten konzipiert hat – ein singulärer Fall, denn später setzen die Finalsätze immer das Themen- und Motivmaterial vor allem des ersten, aber auch der mittleren Sätze voraus. Mit der dritten Themengruppe (T. 58) kehren im *ff* die erregten Streicherfiguren der ersten Gruppe wieder, die dort das Komplement des fanfarenartigen Hauptthemas

76 Hinrichsen 2016, 30.

waren: eine den Themenkopf (Oktavsprung aufwärts) aufnehmende, rhythmisch reich artikulierte, zwischen den Stimmen alternierende, sich schließlich zu rasenden wogenden Sechzehntelpassagen weiterentwickelnde Textur – keine bloße »Begleitung«, sondern ein mit beträchtlicher Energie ausgestatteter Akteur (nichts anderes als die ins Symphonische transferierte und dramatisierte Streichertextur aus den textdeklamatorischen Partien im Credo der ein halbes Jahr zuvor entstandenen *Messe d-moll*). Ein zugleich einsetzender neuer, achttaktiger Bläsersatz bleibt seltsam unentschieden zwischen konturierter thematischer (choralartiger) Faktur und bloßer Harmonie-Auffüllung. Dann aber, ab dem neunten Takt dieses c-moll-Abschnitts, intonieren die Posaunen und später das ganze Blech ein stufenweise aufsteigendes choralartiges Thema, das jedoch nach sechs Takten überraschend steckenbleibt. Die Streicher sind inzwischen in die auf und ab wogenden reinen Sechzehntelläufe eingetreten. Im 16. Takt (T. 73) setzen die Posaunen erneut – und zwar mit einem fanfarenartigen Sextsprung – ein, bleiben aber schon drei Takte später auf einem aufsteigenden c-moll-Dreiklang hängen. Die Streicher verbeißen sich in ostinate Viertongruppen, erst aufwärts, dann abwärts laufend – und wie in einem »Nachsatz«, der nicht hält, was er verspricht, folgen nach einer Pause von drei Zählzeiten Hörner und Posaunen nach unisonem b mit einer eintaktigen Dissonanz b–c, die sich in ein Rudiment von b-moll (b–des), wenn man so will, auflöst. Auf diesen fragmentierten, von den Streichern immer heftiger kontrapunktierten, tonal ins Abseitige führenden Bläsersatz folgt ein plötzliches Verstummen: eine durch eine Fermate bekräftigte Generalpause. Sie ist eine wahre Aposiopese im semantisch zugespitzten Sinn, keine »Interpunktionspause«, wie Bruckner sie von der *II. Symphonie* an – neben den abgründigen rhetorischen Pausen – zwischen den Themengruppen vorsehen wird. Und dann, nach der Pause, greifen die Holzbläser vergrößert und im kanonischen Wechsel das zuletzt absteigende ostinate Viertonmotiv der Streicherkaskaden wieder auf, befreien, »erlösen« es aus seiner Starre und leiten damit zu einer motivisch an das Hauptthema des Satzes alludierenden Kadenz nach Es über. Mit vier plus vier immer schlichter werdenden Takten antwortet dieser Schluß auf das wilde Geschehen – eine wegen ihrer Disproportionalität höchst merkwürdige Geste.

Von »schärfstem Kontrast« hat Wolfram Steinbeck hier gesprochen,[77] der nun zu deuten wäre. Zuvor aber sei ein Blick auf die dritte Themengruppe des ersten Satzes geworfen, die mit großer Wahrscheinlichkeit später konzipiert wurde als die gerade untersuchte. Sie weitet diese symphonische Geste endgültig ins Überdimensionale. Auf die in T. 67 einsetzende dritte Themengruppe (Es-Dur), die Material aus dem Mittelteil der ersten Gruppe (T. 18 ff.) prägnant neu organisiert, folgt ein sich als machtvoll gerierendes Posaunenthema auf dem Sextakkord von Es. Ausbruchartig erscheint es nach einem höchst outrierten Steigerungszug, dessen treibendes Element ein aus dem Kopfmotiv der dritten Themengruppe gewonnener, scharf punktierter Oktavsprung in Hörnern und Trompeten ist. Es wird hektisch umspielt von Zweiunddreißigstel-Kaskaden der Streicher und überfangen von Sextolen der Holzbläser. Die Mittel sind hier also analog zu denen im Finale, aber das Thema mit seinem Ambitus einer Undezim tritt nicht chaotisch fragmentiert, sondern seinem Anspruch nach kompakt auf: Gleich in den ersten beiden seiner sieben Takte steckt es, durch eine Punktierung rhythmisch artikuliert, mit zwei Sextstürzen (der zweite mit einem Vorhalt auf ces) seinen Tonraum ab. Die Großintervallik bestimmt auch weiterhin seine Physiognomie (Notenbeispiel 4).[78] Aber seltsam: Der melodischen Herrscherattitüde – »eine ungemein kühn gewundene, wild über Höhen und Tiefen ausgreifende Melodie«, schrieb Ernst Kurth[79] – korrespondiert keine stabile Harmonik, wie sie angesichts der kühnen Ergreifung des Tonraums erwartbar wäre. Endet der erste (zweitaktige) Abschnitt noch mit der über unteren und oberen Leitton (ces) eindrucksvoll herbeigeführten Dominante B, so schließen der zweite (wieder zweitaktige) Abschnitt und das dreitaktige Schlußglied jeweils auf einem verminderten Septakkord, also im tonal Offenen, Exterritorialen. Und erst der Zauberstab

77 Steinbeck 2010, 130.
78 Notenbeispiele 3-7 nach Wohlfahrt 1943.
79 Kurth 1925, II, 744.

Notenbeispiel 4

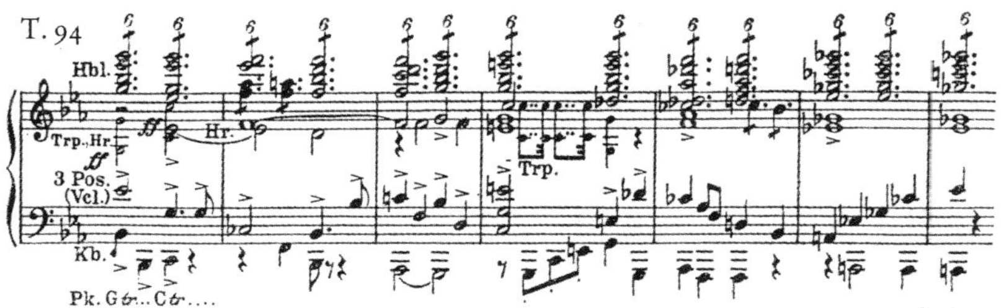

des Herrschers im Reich der Harmonie, als den Bruckner sich hier vorstellt, leitet durch einen doppelten Halbtonschritt den zweiten verminderten Septakkord (auf A) in den Quartsextakkord von Es über (T. 101): Die Posaunen sind nach einem wie ins Leere greifenden Aufstieg verstummt, ebenso drei Zählzeiten später die Streicherkaskaden und die Holzbläser-Sextolen – und es erscheint *dolce* und *piano* in transparentem Holzbläsersatz, wie eine Spiegelung, wie ein Nachglanz, versetzt in eine andere Sphäre, eine dreitaktige umkehrungsartige Variante des Themenkopfes, die das wiedergewonnene Es-Dur mit seinem Sextakkord weiter befestigt. Auf sie folgt über die Brücke einer einfachen, abwärts gerichteten Dreiklangsbrechung eine höchst schlichte Kadenz der Streicher in Sekundschritten hin zur Grundstellung des Akkords, wie sie im ländlichen Kirchenmusik-Raum zur Elementarpraxis gehörte – extreme Disproportionalität, schärfster Kontrast also auch hier (Notenbeispiel 5).

Anders als im Finale greift das explosionsartige Ereignis des Posaunenthemas samt seiner bescheidenen Dorfkirchen-Kadenz auf die nun anschließende Durchführung über – so als habe man einen schweren Stein ins Wasser geworfen, der im Aufprall viele konzentrische Wellen erzeugt: 37 der insgesamt 92 Durchführungstakte gehören ihm – und da sein Tempo langsamer ist als das ursprüngliche, mit dem in T. 144 endlich die Verarbeitung des Hauptthemas beginnt, bedeutet das seinerseits einen beträchtlichen Eingriff in die Proportionen. Verarbeitet aber wird nur die Spiegelgestalt des Themenkopfes, aus der sich wiederum ein Vor-

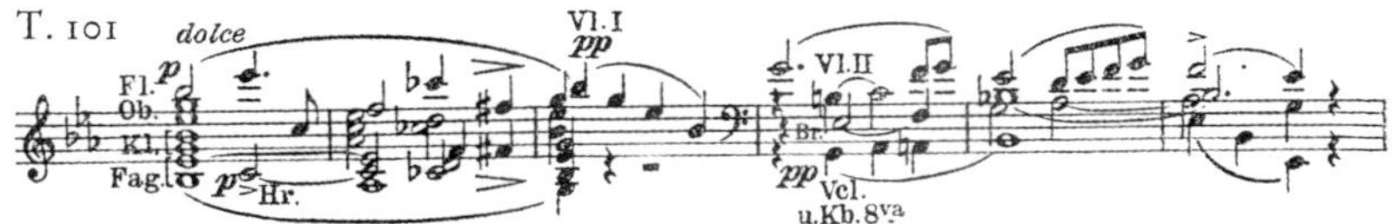

haltsmotiv löst: »[...] als habe der Entwicklungsstrom sich ganz in ein abseitiges Feld verloren, aus dem er nicht in sein eigentliches Bett zurückfinde. Auch harmonisch mündet dieser Abschnitt in entlegenstes Gebiet, und wenn nun von der Stufe Fis (Quartsextlage) aus in geheimnisvollem *pp* das erste Hauptthema seinen Beteiligungsanspruch an dem Durchführungsspiel anmeldet, so wirkt das ungemein überraschend und seltsam ergreifend«, notierte 1940 Walter Abendroth.[80] Angesichts dieses so ingeniös charakterisierten Befundes verwundert es nicht gänzlich, daß – trotz Bruckners den Durchführungsbeginn markierendem Doppelstrich – die seltsame Idee entstehen konnte, die Durchführung beginne erst mit T. 114.[81]

In der Reprise dagegen kehrt das Posaunenthema nicht wieder: Der auf den Wiedereintritt der dritten Themengruppe folgende analoge Steigerungszug bricht einfach ab (T. 276). An seine Stelle tritt eine in mehreren Steigerungswellen sich entfaltende überproportionale Koda. Gerade aber die Tatsache, daß das Thema überhaupt nur einmal erscheint und daß ihm und seinem ganzen Feld in der Formdisposition des Satzes nichts korrespondiert (es sei denn die Überproportionalität als solche), unterstreicht seinen außerordentlichen Charakter und macht die Frage nach seiner Semantik umso dringlicher. Man würde sie kaum stellen, wenn es sich bloß um einen kurzen Epilog handelte. Als ein bestürzendes norm- und formsprengendes Ereignis steht der Expositionsende und Durchführung verklammernde Großabschnitt (insgesamt 50 Takte) vor uns.

80 Abendroth 1940, 14.
81 Redepenning 1998, 65.

Beiden »Ereignissen«, im vierten wie im ersten Satz, ist der Habitus des äußersten Kraftaufgebots gemeinsam, das sich in sich selbst verfängt und das eines erlösenden Spruchs aus einer anderen musikalischen Sphäre bedarf, für die die Spiegelungen und die beruhigenden einfachen (ländlichen) Kadenzen mehr oder weniger überzeugend stehen. Das Scheitern des Kraftaufgebots ist im Finale explizit auskomponiert, wenn es dort gar nicht erst, trotz heftiger Gebärden, zur thematischen Konsistenz kommt. Im ersten Satz dagegen ist das siebentaktige Thema dessen direkte Manifestation. Aber auf merkwürdige Weise dementiert es durch seine instabile Harmonik seinen so laut vorgetragenen Anspruch. Es kann, wie man so schön sagt, vor lauter Kraft nicht stehen, bedarf zu seiner »Erlösung« eines Zauberstabs.

Störung und Restitution in prekärer Balance: So könnte man in hoher Allgemeinheit eine Krisenstruktur beschreiben, die sich hier erstmals in monumentaler Form manifestiert. Sie bleibt in allen Konkretisierungen stets dieselbe, gehe es nun um den Blick in eine unausdenkbare Unermeßlichkeit und die herbeigezwungene Affirmation oder um die Stabilisierung überschießender, tendenziell chaotischer Kräfte. Und stets eröffnet sich im jeweils ersten Glied dieser polaren Verhältnisse ein Verstörungspotential, auf das das zweite Glied entweder zu stark oder zu schwach antwortet: prekäre, unaufgelöste Polaritäten.

Mit zwei großen Gesten – oder mit einer Geste in zwei charakteristischen Differenzierungen – betritt Bruckner die symphonische Bühne, die Beethoven mit seiner *Eroica* für außerordentliche, epische Experimente geöffnet hatte. Bruckner, der die Partitur mit Sicherheit schon vorher gründlich kannte, hörte sie in adäquater, großer Besetzung spätestens beim Münchner »II. Musikfest« Ende September 1863.[82] Es sind Gesten, die in sich brüchig sind und die doch einen hohen Anspruch, ein großes Selbstbewußtsein signalisieren. Weist die furiose Streichertextur des vierten Satzes auf seine *Messe d-moll* (und darüber hinaus auf die große Wiener Orchestermesse, vor allem aber auf Cherubini) zurück, so zitie-

82 Nowak 1968/1985, 96.

ren die hektischen Zweiunddreißigstel-Kaskaden des ersten Satzes die Umspielung des Pilgerchors in Wagners *Tannhäuser*, die wiederum ihr Vorbild im »Serment«, der abschließenden Schwurszene von Berlioz' Symphonie dramatique *Roméo et Juliette* hat. Deren »phantastische Kühnheit und scharfe Präzision« zwangen den jungen Wagner 1839 mit Macht zu einer Bestimmung des eigenen Standpunkts.[83] Beim Posaunenthema dagegen sind eher die Differenzen zum Pilgerchor interessant als die Gemeinsamkeit des hymnischen Tons, den ja Bruckner in eine arge Strapaze treibt (vom »verzerrten Auf und Ab« und vom »unerlösten Abbrechen der unisono geführten Posaunenstimmen« sprach treffend Frank Wohlfahrt)[84]. Ist das Hommage oder Überbietung – oder beides? In jedem Fall ist es – auch für das Linzer Publikum, das den *Tannhäuser* 1863 kennengelernt hatte – ein Signal dafür, welche Höhenlage des Komponierens, welcher eigene Standpunkt hier und künftig eingenommen werden soll. Die Behauptung der Meisterschaft aber wird, und das ist entscheidend, nicht im scheinbar widerstandslosen Gelingen, sondern in der Krise vorgeführt – als eine Bewährungsprobe, die der Antrieb für alles Künftige sein wird.

Acht Jahre später, im Finale der *III. Symphonie* (1873),[85] ist wieder die dritte Themengruppe ein Ort der großen Geste von Störung und Restitution. Aber dieses Mal ist diese Geste funktional in eine komplexe Finaldramaturgie eingebunden. In überraschendem Des setzt nach einer langen Auslaufphase der »Gesangsgruppe« in T. 209 die dritte Gruppe ein. Ihr dominierendes thematisches Material ist nicht eigentlich neu: Die wellenförmige Figur in Holzbläsern und hohen Streichern mit abschließendem Oktavfall, der synkopisch (um ein Achtel) versetzt die tiefen Streicher (und Fagotte) folgen, hat ihre Wurzeln in der Umspielungsfigur des Scherzos (T. 1 ff.) und in der zweiten Themengruppe des Finales (T. 71). Hier nun tritt die Figur ins Herrische gewendet auf, sekundiert von Blechbläserfanfaren, deren scharfe Punktierungen ihr Vorbild im Hauptthema des Satzes haben. In einem musette-

83 Wagner, I, 315.
84 Wohlfahrt 1943, 30.
85 NGA, Bd. III/1.

artigen, pastoralen Mittelteil mit durchgehendem, belebtem Bordun-c (Oktavsprünge und Synkopen) der Bratschen[86] wandelt sie sich – mit Hörnerschall – ins Idyllische. Mit einer Rückung nach Des kehrt die herrische Gestalt wieder, eine a b a-Disposition scheint sich trotz der starken immanenten Kontraste zu runden – da bricht über den Sprung einer kleinen Non eine Umkehrungs-Variante des Hauptthemas *ff* in die gerade auslaufende dritte Themengruppe ein. Eingespannt ist sie in ein Ostinato verminderter Septakkorde der Streicher in interner synkopischer Spannung, die zusammen mit Holz- und Blechbläsern das wilde Geschehen zu einem Ges-Dur-Plateau (T. 273-77) vorantreiben. Am Ende dominiert der schiere Rhythmus des Blechs, dann folgt im schroffen Abriß das Verstummen in einer langen Generalpause, nach der das Hornquartett mit einer choralartigen, nach F absteigenden Linie der Störung die Beruhigung entgegenzusetzen versucht – Disproportionalität auch hier, auch wenn der Hörnersatz, eine freie Formulierung ohne thematischen Rückbezug, elaborierter ist als die kleinen Kadenzformeln der *I. Symphonie*.

Welche Bedeutung Bruckner dieser »Einbruch«-Phase beimaß, wird bei einem Blick auf die zweite Fassung der Symphonie von 1877 deutlich.[87] Dort fügt er einen zweitaktigen freiliegenden, vom *pp* zum *ff* anwachsenden Paukenwirbel ein (T. 195), der das A, den Grundton des folgenden verminderten Septakkords, antizipiert: ein emphatisch inszenierter Doppelpunkt für die Variante des Themenkopfs vom Beginn des Satzes. Der war in einem (sich nun modifiziert wiederholenden) schwankenden Kraftgestus aufgetreten, der ihn als Verwandten des Posaunenthemas der *I. Symphonie* auswies: In die hektischen chromatischen Achtelfiguren der Streicher war er unter Ablösung der gehaltenen leeren Quinte b – f der Holzbläser mit der Dominante Es eingetreten (T. 9), fiel in seinem zweiten Takt steil um eine verminderte Dezim nach cis und erreichte erst im dritten Takt, über eine Halbtonrückung und

86 Horton 2004, 39.
87 NGA, Bd. III/2.

den Leitton cis, ein D-Dur, das sich nach einem stabilisierenden Oktavsprung im vierten Takt zur Haupttonart d-moll wandelte.

Schon Ernst Kurth hat das suggestiv beschrieben und sogleich auch den Zusammenhang mit dem Hauptthema des ersten Satzes, dem berühmten Trompetenthema mit seinem Quart-Quint-Fall hergestellt: »Die Linie des Hauptthemas selbst [...] zeigt die Riesenstreckung eines alterierten Dezimschrittes, erst abwärts ausgreifend zur Wiederhochstrebung einer Oktave. In der Linie liegt eigentlich eine kühne Umgestaltung des Trompetenthemas aus dem Anfang des 1. Satzes [...]; sie ist ihm auch im Rhythmus verwandt, und in der wilden Verkrampfung liegt dabei nur der Wille zur schließlichen Rückerlösung in dieses Kopfthema ausgeprägt [...].«[88] Sieht man von der methodisch bedenklichen Idee einer Entelechie des Materials ab und ersetzt man »Rückerlösung« vorsichtiger durch Restitution, reduziert man also Kurths Beobachtungen auf den strukturellen Befund inszenierter Krisen und ihrer Lösungswege, dann sind sie immer noch triftig.

In der Tat arbeitet sich ja Bruckner in Durchführung und Reprise des Satzes an das Trompetenthema heran. In der zweiten großen Steigerungswelle der Durchführung, die wie die erste mit dem Hauptthema des vierten Satzes einsetzt, erscheint sein Kopf zwei Mal verkürzt in den hohen Holzbäsern (T. 399 ff.). Zugleich nehmen Trompeten und Posaunen *fff* die erste Zeile des Chorals auf, der in der »Gesangsgruppe« die Polka der Streicher kontrapunktiert hat. Es bleibt bei diesem knappen, kaum hörbaren Aufleuchten, denn nun führt das schwere Blech in Fortsetzung des Choralgestus die Durchführung in ihren negativen Höhepunkt: auf ein sechstaktiges Plateau, auf dem die herrische Wellenfigur (zunächst ohne ihren zäsurierenden Oktavfall) und der rhythmische Kern der sie sekundierenden Bläserfanfare in der Grundtonart d-moll stampfend auf der Stelle treten – ein großer, von der Pauke verstärkter Augenblick einer sich in sich selbst verfangenden Kraft, der ein anarchisches Potential innewohnt. Auf eine zweitaktige Generalpause folgt eine viertaktige Reminiszenz aus der »Gesangs-

88 Kurth 1925, II, 862 f.

gruppe«. Aber eine Besänftigung will kaum gelingen. Denn danach bricht, eine Stufe höher, die Wellenfigur erneut los. Und wieder folgt eine zweitaktige Generalpause. Die Krisenstruktur ist in die Durchführung eingedrungen, bestimmt ihren Scheitelpunkt – und die Selbstverfangenheit, die aus sich selbst heraus keinen Ausweg findet, dominiert: ein Blick ins Abgründige. Diesen herausragenden, semantisch so signifikanten negativen Höhepunkt hat Bruckner in der zweiten Fassung von 1877 durch einen positiven ersetzt. An seine Stelle tritt ein explizites, geradezu epiphaniehaftes Aufleuchten des Trompetenthemas im Blech (T. 341 ff.), und in die Partitur schreibt er drei Mal emphatisch »Thema« – eine Affirmation, die zu früh kommt? In jedem Fall beseitigt sie die Verstörung, die die erste Fassung hier inszenierte.

Der Ort eines weiteren Erscheinens des Trompetenthemas in der ersten Fassung, zu der wir nun wieder zurückkehren, ist die dritte Themengruppe der Reprise, und zwar die Wiederholung des a-Teils (T. 637), in den in der Exposition nach 12 Takten der Kopf des Finale-Hauptthemas mit verminderten Septakkorden eingebrochen war. Jetzt tritt, nach der pastoralen Idylle des Mittelteils, dessen schwankender Kraftgestus sogleich und zusammen mit der herrischen Wellenfigur auf. Aber nicht nur sein Kopf wird zitiert, sondern auch sein Nachsatz, ein machtvoll abwärts laufender Skalengang. Und mit diesem zusammen, an den Themenkopf unmittelbar anschließend und dessen Extremintervallik »korrigierend«, erscheint drei Mal das Trompetenthema: ein Vorschein gelingender Restitution. Von 12 auf 36 Takte wird der wiederholte a-Teil ausgeweitet, die Reprise strebt mit einem monumentalen Skalengang der Posaunen ihrem Ende zu. Was aber wird aus dem verstörendsten Abschnitt der Exposition, jenem Einbruch, der ein freies Ausschwingen des Großabschnitts so brutal konterkarierte und auf den die Hörner kaum adäquat zu antworten vermochten? Bleibt er ein einmaliges Ereignis wie das Posaunenthema der *I. Symphonie*?

Kurze Zitate aus den ersten drei Sätzen fallen zwischen Generalpausen wie Sternschnuppen vom Himmel (T. 675 ff.). Dann nimmt Bruckner das Verstörendste selbst in Dienst für die äußerste Kraftanstrengung der Restitution: Die Einbruchphase wird zur Koda.

Aus ihr wird die abschließende Wiederkehr des Trompetenthemas hervorgetrieben. Der schwankende Kraftgestus löst sich auf in triumphaler Diatonik. Wären hier für einmal Störung und Restitution in der Balance? Leisten die Trompeten das, was die Hörner nicht vermochten? Offenbart sich im D-Dur-Jubel nicht zugleich auch eine gleißende Leere? Als Bruckner Jahre später Payers Bericht von der Nordpolexpedition las, da mag ihn dieser Grenzgedanke ergriffen haben: Wenn am Ende der langen Polarnacht, in der alle Idyllen nur Träume waren, nach ersten Lichtzeichen endlich die Sonne wieder erscheint, beleuchtet sie eine unermeßliche, eisige Wüste. Und Riedels Gethsemane-Bild wird ihn darin bestärken, daß es ein Licht gibt, das es auszuhalten gilt.

Auf tonalen Plateaus sich ereignende Ballungen tendenziell mehr rhythmisch als motivisch geprägter stereotyper Elemente, ihr schroffer Abriß und das Verstummen in einer Generalpause, wie sie das Finale der *III. Symphonie* in Exposition und Durchführung auf zwei verschiedene Weisen vorführt, gehören schon zum dramatischen Arsenal des Finales der *II. Symphonie* (wir beschäftigen uns hier mit der ersten Fassung von 1872).[89] Dort beschränken sie sich noch auf die dritte, jeweils sehr geweitete Themengruppe in Exposition und Reprise, wo sie den Habitus eines panischen Getriebenseins annehmen. In mehreren ebenso wilden wie rhythmisch komplexen Anläufen spannt sich ein Bogen vom Einsatz des dritten Themas, das nur eine Variante des Hauptthemas mit seiner so schlagend einsetzenden Achteltriole ist (T. 153 bzw. 573), zur Wiederkehr jener rhythmischen Formel aus der ersten Themengruppe des ersten Satzes, die dort thematisch war (erster Satz, T. 20): eine durch Punktierung artikulierte Version dessen, was man »Bruckner-Rhythmus« genannt hat (zwei Viertel plus Vierteltriole). In der Exposition tobt sie sich in zwei Mal vier Takten, in der (komplexeren) Reprise in zwei Mal (»irregulären«) sieben Takten aus, beim ersten Mal auf Es und C, beim zweiten auf C und, in einer charakteristischen Halbtonrückung, auf Ces. Auf eine (in der Exposition fast dreitaktige) Generalpause folgt ein Zitat aus

89 NGA, Bd. II/1.

dem Schluß des Kyrie der wenige Tage vor der Konzeption des Satzes uraufgeführten *Messe f-moll*. Sie war dem Komponisten aus diesem Anlaß auf besondere Weise präsent. Es handelt sich um einen »(e)leison, eleison«-Ausschnitt aus dem Satzepilog, der *pp* auf den Erregungshöhepunkt des Kyrie folgt (dort T. 124-128). Seine Tonart (Ges) bringt er für beide Auftritte aus der Messe mit. Das Zitat erscheint in der Symphonie, darauf hat Wolfram Steinbeck aufmerksam gemacht, in einem dramaturgisch analogen Kontext.[90] Es wird über eine aufsteigende Sequenzierung seines Seufzermotivs (T. 213 ff.) frei fortgeführt in einer aufsteigenden Oboenlinie. Nicht um eine vordergründige, »buchstäbliche« religiöse Semantik kann es hier gehen, sondern um den Sinngehalt der Krisenstruktur von Störung und Restitution, die sich zu einer polaren Konstellation von Getriebenheit, die kein Ziel erreicht, und Befriedung konkretisiert – aufs Äußerste dramatisiert durch die »klaffende Pause«[91] mit ihrem Blick ins Leere.

Ebenso wie die kleine ländliche Kadenz, die den Widerpart des Posaunenthemas in der *I. Symphonie* zu spielen versucht, tritt hier ein Element »von außen« herein, und das gilt auch für den thematisch unspezifischen Hörnersatz am Ende der »Einbruch«-Phase in der Exposition des Finales der *III. Symphonie*. Dessen Durchführung aber setzte dem negativen Höhepunkt der sich in sich selbst verfangenden Kraft zwei Mal Material aus der eigenen Gesangsgruppe entgegen – wie es für eine Durchführung eher naheliegt. Diese »integrative«, die strukturelle Stringenz erhöhende Lösung wird die Durchführung des ersten Satzes der *V. Symphonie* auf magistrale Weise wieder aufnehmen. Entscheidend aber ist: Die am Ende der Expositionen aufscheinende Krisenstruktur dringt ins Zentrum des Geschehens ein. Sie ist qua Struktur nicht gebunden an den »thematischen Freiraum« des Expositionsendes, wie ihn Wolfram Steinbeck so suggestiv beschrieben hat.[92] Schon die Rede vom »Freiraum« vereinfacht ja die Verhältnisse: nicht hält die Form als quasi ontologische einen – an immer der gleichen Funk-

90 Steinbeck 2010, 146.
91 Wohlfahrt 1943, 66.
92 Steinbeck 1993, 32.

Notenbeispiel 6

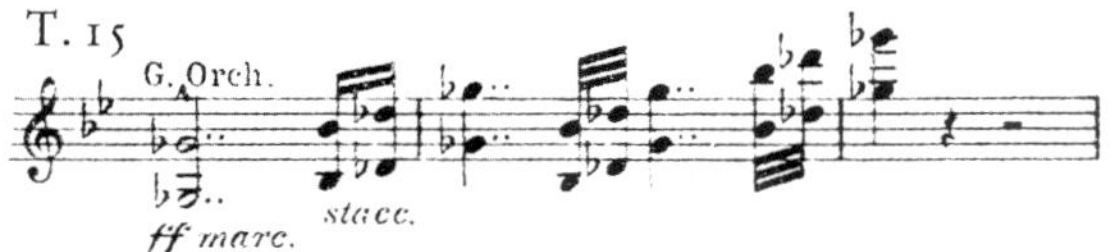

tionsstelle – geweiteten Raum für musikalische Lizenzen bereit, die Musik schafft sich ihn allererst durch ihre immanente Logik, durch die Kraft ihrer materialen Ausdrucksgestik.[93]

Ein reiches Motiv- und Themenmaterial präsentiert bereits die Adagio-Einleitung des ersten Satzes der *V. Symphonie*: Auf einen ostinaten Gang von Achtel-Pizzicati der tiefen Streicher im Ambitus einer verminderten Quint, über dem sich ein akkordisch sukzessive verdichteter Satz der hohen Streicher in langen Notenwerten aufbaut, folgt – nach einer Halbtaktpause und in überraschender Wendung nach Ges – eine zwei Oktaven »erobernde« Unisono-Fanfare (Notenbeispiel 6). Gebildet ist sie aus aufgetürmten, rhythmisch aufs äußerste pointierten und intern noch scharf beschleunigten Dreiklangsbrechungen (von Sechzehnteln zu Zweiunddreißigsteln). Sie kündigt einen Blechbläserchoral an, der sich nach erneuter Fanfare wiederholt (dieses Mal in der Grundtonart B). Die punktierte Baßfigur des Chorals löst sich aus der blockhaften Situation (T. 31). Sie wird zur (flüssigen) Vorform des in T. 55 schließlich einsetzenden Allegro-Hauptthemas (Notenbeispiel 7). Die »Gesangsgruppe« präsentiert erneut einen Choral, der sich unter einer gebrochenen Pizzicato-Faktur, die den Symphonie-Anfang evoziert, fast verbirgt (sekundiert wird er von einer zweiten, synkopischen Melodielinie der ersten Violinen von elegischem Charakter): welch ein Material insgesamt für die Durchführung, die sich nur an ihrem Anfang (T. 225) zwölf Takte lang und nachklangartig auf die dritte Themengruppe bezieht! Dann setzt der Pizzicato-Gang der Bässe vom Anfang des Satzes ein (T. 237). Zwei Mal treibt der Komponist mit ihm in zunehmender Spannung, und dieses Mal ohne rhetorische Pausen, die

93 Adorno 1960, 64-66, 86 f.; weiterführend Zehentreiter 1997.

Notenbeispiel 7

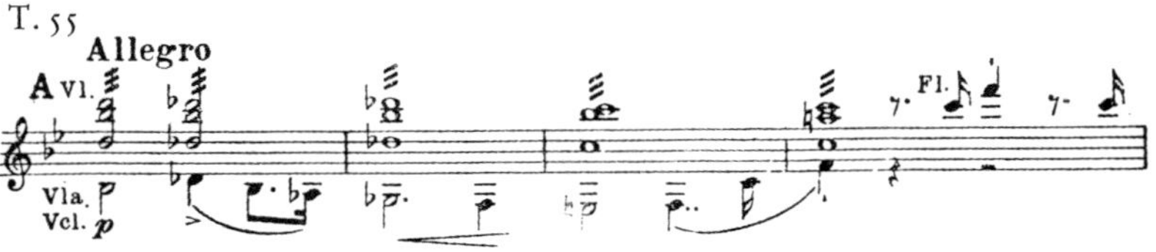

Fanfare hervor, auf die aber nicht jeweils der zu erwartende Choral folgt, sondern das Allegro-Hauptthema. Der Choral bleibt geradezu programmatisch in Suspens.

Damit sind die beiden Hauptakteure des folgenden Durchführungsteils exponiert. Ein glänzendes Kunststück kontrapunktischer Arbeit, an der sich das ganze Orchester fast durchgehend obligat beteiligt, hebt an. Das Allegro-Thema erscheint in immer neuen Anläufen, in seiner Originalgestalt, kanonisch und in seiner Umkehrung. Das Fanfarenmotiv mischt sich ab T. 283 als gleichberechtigter Partner ein, sowohl mit den wilden Sprüngen seiner den Tonraum erobernden Dreiklangsbrechungen einerseits wie in der rigorosen Reduktion auf sein rhythmisches Skelett andererseits (Posaunen und Trompeten). Es wirkt wie ein Brandbeschleuniger: Ab T. 303 fügt sich der Kopf des Allegro-Themas durch Verkürzung dem extremen rhythmischen Impetus (Notenbeispiel 8), bis er sich schließlich in einer progressiven Fragmentierung verliert. Am Ende, auf dem negativen Höhepunkt der Durchführung, bleibt – in einer Kette verminderter Septakkorde – der schiere Rhythmus im hohen Blech, hinterfangen von in diesem rhythmischen Korsett abwärts wirbelnden Streicherkaskaden, die sich schließlich in engem Ambitus ostinat verfangen. Holzbläser, zwei der vier Hörner, Posaunen und Baßtuba heulen mit verminderten Septimsprüngen hinein (die sich in den tiefen Blechbläsern schon in T. 308 ff. ankündigten und in denen man eine extreme Schwundstufe des Allegro-Themas erkennen könnte).

Ohne Generalpause folgt auf diesen anarchischen Moment der nunmehr zur Legato-Gestalt gewandelte Pizzicato-Choral aus der »Gesangsgruppe«, kraft deren drei Anfangstönen die Ostinato-

Notenbeispiel 8

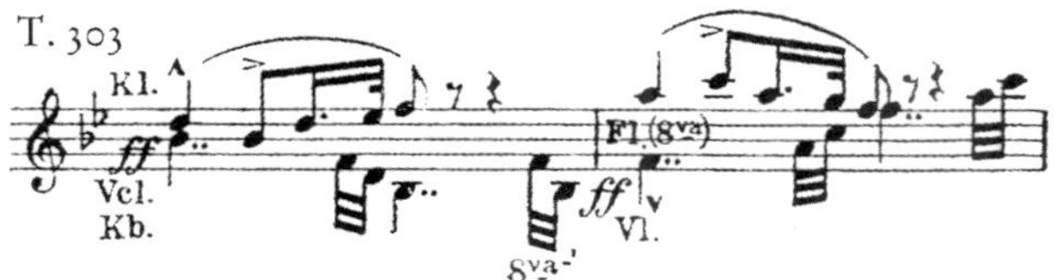

Verfangenheit der Streicher sich löst (wie das schon in der dritten Themengruppe des Finales der *I. Symphonie* geschah).[94] Das ist wieder der Augenblick der Hörner. Dann aber bricht, vier Takte später, für zwei Takte erneut der Sturm los, auch wenn sich nun die Septimsprünge zu Oktavsprüngen wandeln. Wieder setzt ohne Pause der Choral der »Gesangsgruppe« ein, aber schwach, in Achteln der Holzbläser, die die Pizzicato-Form reproduzieren. Er verliert sich schließlich in tastender Abwärtsbewegung in den Streichern (analog endete die Durchführung des Finales der *III. Symphonie*).

Jetzt aber, nach einer Halbtaktpause, tritt der über die ganze Strecke in Suspens gehaltene Choral aus der Adagio-Einleitung hervor, zwei Mal in unmittelbarer Folge. Seine Ankündigungs-Fanfaren haben sich ja im negativen Höhepunkt der Durchführung bereits verbraucht (sie werden erst wieder in der Koda, zunächst als furiose Antreiber und dann im finalen B-Dur-Glanz erscheinen). Das Krisenmodell von Störung und Restitution, konkretisiert als Polarität von Anarchie und Ordnung, realisiert sich vollständig erst hier. Prekär aber bleibt die Balance der Pole auf besonders signifikante Weise gerade im doppelten Aufgebot der Choräle: Zu schwach war der Choral der »Gesangsgruppe« – und ein übermächtiges Symbol der Beherrschung des Abgründigen tritt nun an seine Stelle. Auch wenn dieses Symbol zum komplexen Arsenal dieses Meistersatzes gehört, so klingt es doch wie von weither herbeigerufen, wie die Erscheinung eines Deus ex machina. (Michael Gielen hat dieses »Von weither« bei einer Frankfurter Interpretation der *V. Symphonie* in den achtziger Jahren durch eine

94 Wohlfahrt 1943, 101.

programmatische Reduzierung der *ff*-Choraleintritte auf ein *Mezzoforte* deutlich gemacht.)

Schwankende Kraftgebärden, panische Getriebenheit, anarchisches Toben – das sind die symphonischen Ausdrucksgestalten im polaren Krisenmodell von Störung und Restitution, dessen »Antworten« nach einer den Blick ins Leere öffnenden Generalpause (die nur im ersten Satz der *I. Symphonie* fehlt) von weither, wie aus einer anderen Sphäre, immer in prekärer Balance, kommen: kurz aufscheinende thematische Spiegelungen, kleine Kadenzen aus der Sphäre schlichter kirchenmusikalischer Praxis; Zitate aus den eigenen Messkompositionen; choralartige Bildungen und veritable Choräle freier Erfindung. Das Modell ist nicht gebunden an bestimmte Funktionsstellen im Satz. Es kann in Exposition, Durchführung und sogar Koda (Finale der *III. Symphonie*) auftreten – eine Art Superstruktur, eine Habitusform musikalischen Ausdrucks. Es ist auch nicht auf die bisher behandelten Ecksätze mit ihrer Bruckner-spezifischen Sonatenkonzeption beschränkt: Einen prominenten Auftritt hat es – nach einem bescheideneren »Vorlauf« im Adagio der *II.* – im langsamen Satz der *III. Symphonie.* Hier nimmt es die Ausdrucksgestalt von Erschütterung an, der eine Tröstung antworten soll.

Wird in der Durchführung des Finales der *III. Symphonie* im Jahr 1877, also in der zweiten Fassung, das Krisenmodell zugunsten der Epiphanie des Trompetenthemas zurückgedrängt, so entfaltet es sich im langsamen Satz des Werks erst in diesem Jahr aus tastenden Anfängen zu voller dramatischer Intensität. Vorausgegangen sind hier zwei Stufen, die Erstfassung des Werks (1873) und eine zwischen Erst- und Zweitfassung im Jahr 1876 entstandene Überarbeitung allein des langsamen Satzes.[95] 1873 folgt auf das achttaktige Hauptthema in Es ein fünftaktiger a-thematischer Abschnitt, der in einer drängenden harmonischen Progression über chromatisch ansteigendem Baß (A–B–Ces–Des) besteht, belebt durch eine eher ornamentale als konturierende Violinfiguration. Schon im vierten Takt wird das entfernte Ces erreicht, auf

95 NGA, Ergänzungsband zu Bd. III,1.

Notenbeispiel 9

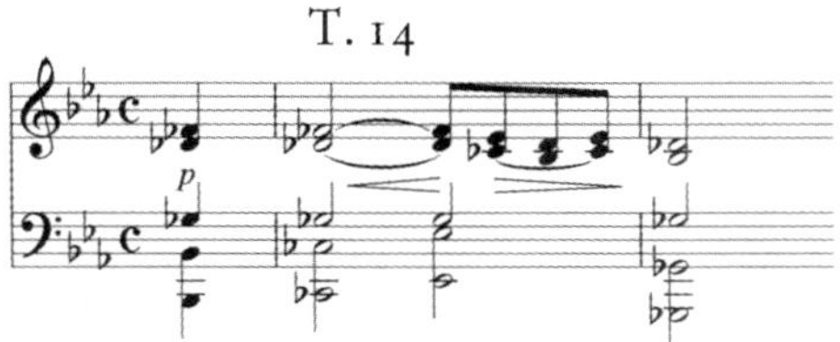

dessen Dominantseptakkord im *ff* die Bewegung stockt – und auf eine Generalpause folgt *piano* in den Streichern eine kleine (plagale) Kadenz aus dem traditionellen Kirchenrepertoire. Dann bricht für zwei Takte erneut, und dieses Mal finster, in der parallelen Molltonart as, das harmonische Drängen aus, das abermals, und mit einer Rückführung nach Es, von der kleinen Kadenz beantwortet wird – zwei Anläufe der »Befriedung«, wie wir sie aus der Durchführung des ersten Finales des Werks (1873) kennen und wie sie in der Durchführung des ersten Satzes der fünften Symphonie wieder erscheinen werden. »Marienkadenz« hat Robert Haas 1934 diese konventionelle Bildung genannt, weil sie in Bruckners *Ave Maria* von 1856, wenn auch eher beiläufig, auftritt (später erscheint sie an prominenterer Stelle im »Agnus Dei« der *Messe f-moll* und schließlich im langsamen Satz der *II. Symphonie*).[96] Seitdem hat sich die Bezeichnung eingebürgert. Aber besser spräche man mit Max Auer von einer »Haydn-Mozartschen Phrase«[97] und reihte sie mit John Williamson unter die »Anachronisms« ein (Notenbeispiel 9).[98]

Die Adagio-Fassung von 1876 streckt die harmonische Progression über acht bzw. vier Takte und setzt ihr eine abwärts gerichtete eintaktige Phrase der Holzbläser ein: Die Disproportionalität der Ereignisse wächst – sowohl quantitativ als auch durch die Verdichtung der Faktur. Das dritte Adagio von 1877 arbeitet dann, in einem qualitativen Sprung, das Krisenmodell auf neue Art aus. Die jetzt zwölf bzw. vier Takte währende, nicht bloß gestreckte,

96 NGA, Bd. XXI, Nr. 19. Haas, 45, 80, 120 f.

97 Auer 1941, 368.

98 Williamson 2004, 81.

Notenbeispiel 10

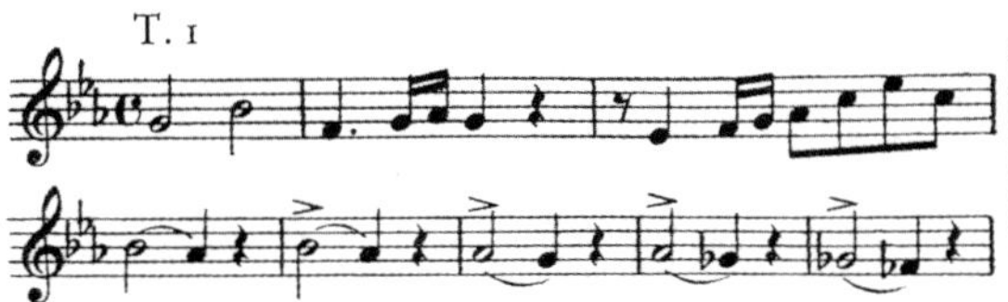

sondern einen erweiterten Anlauf nehmende harmonische Progression ist nun zugleich Schauplatz thematischer Arbeit.[99]

Aus zwei disparaten Teilen besteht das Hauptthema (Notenbeispiel 10): Auf zwei plus zwei höchst plastische, melodisch und rhythmisch konturierte Takte folgt ein viertaktiger Nachsatz aus vier gedehnten, sinkenden Sekund-Vorhalten (Ernst Kurth sprach von einem »Versinken«).[100] Aus diesen macht Bruckner in den folgenden zwölf Takten eine »Meditation über den fallenden Sekundschritt«,[101] so als habe er inzwischen den 1871 bei C. F. Peters in Leipzig erschienenen langsamen Satz aus Schuberts *IV. Symphonie*, und dort insbesondere die Faktur des mit dem ersten Thema scharf kontrastierenden zweiten Abschnitts (T. 53 ff.), genau studiert (nicht zu reden vom »Lacrymosa« aus Mozarts *Requiem*). Vorangetrieben wird dieser Abschnitt durch das rhythmisch energische, aufsteigende Motiv aus dem zweiten Glied des Themenkopfs (T. 3) – in Originalgestalt, Varianten und Umkehrung: Am ungewöhnlichen Ort eines ersten Erscheinens der Themen (und zumal in einem Adagio-Satz) findet hier eine veritable Durchführung von sich steigernder Dramatik statt, an der sich schließlich das ganze Orchester beteiligt.[102] Aus der »Meditation« erwächst zunehmend Erschütterung. Vier Mal in sich verkürzendem Abstand heulen am Ende die Hörner den Sekundseufzer, gegenläufig beantwortet von den Trompeten und rhythmisch grundiert von den Posaunen. Hohe Streicher und Holzbläser repetieren zugleich hartnäckig die Umkehrgestalt des Motivs aus dem zweiten The-

99 Stephan 1981, 70 f., 94 f.
100 Kurth 1925, II, 844.
101 Röder 2010, 157.
102 Röder 2010, 158.

menglied: Da bricht das outrierte Geschehen in einer Generalpause ab, und die unveränderte kleine Kadenz, nunmehr gänzlich disproportional, erscheint. Es folgen der zweite Ausbruch in as-moll und wieder die Kadenz, jetzt aber durch ein »Echo« in Flöten und Oboen von zwei auf drei Takte verlängert. (Wenn auch diese »Verlängerung« Bruckners Kontrolle des Periodenbaus zu verdanken sein mag, so reflektiert sie doch zugleich die – prekären – Balanceverhältnisse.)

Der Auftritt dieser Krisengeste bleibt kein einmaliges Ereignis. Sie strukturiert als unmittelbar zum Hauptthemenfeld (A) gehörende den 1873 und 1876 fünfteiligen (A-B-A'-B'-A" + Koda), 1877 dann – nach einer großen Kürzung – nur noch dreiteiligen Satz. In den ersten beiden Versionen erscheint sie demgemäß drei Mal, und zwar mit jeweils vergrößertem Gewicht: bei ihrem zweiten Auftritt verlängert (und mit weiter gespannter harmonischer Progression); beim dritten Mal nach einem triumphalen, durchbruchartigen *ff*-Eintritt des Hauptthemas auf dem Quartsextakkord von C (T. 233 bzw. 238) und einem daran unmittelbar anschließenden machtvollen Thema im Blech. In seinem siebten Takt wird dieses neue Thema, statt wie auch immer zu schließen, in die harmonische, diesmal nach Ges führende Progression hineingezogen (T. 241). Das ist ein thematischer Fremdling, ähnlich dem Posaunenthema des ersten Satzes der *I. Symphonie* – und am Ende ebenso schwankend. Auch hier liegen, wie in der *I. Symphonie*, Wagner-Assoziationen nahe. Der Progression aber ist eine unisono geführte Posaunenstimme eingeschrieben, die diese schwankende Kraftgebärde aufnimmt und bis zum Eintritt von Ges, zwei Takte vor der Generalpause und dem Erscheinen der kleinen Kadenz, fortführt: Im Sog des harmonischen Geschehens kann sie trotz allen Auftrumpfens keine eigene Konturierung gewinnen. Und am Ende bedarf sie eines erlösenden Spruchs, der wie aus einer anderen Welt kommt. Das ist – auf der Arbeitsstufe der frühen Symphonien – eine höchst elaborierte Zuspitzung der Krisenstruktur.

Ganz anders aber verfährt die Fassung von 1877, in der die große Krisengeste nur noch zwei Mal, dafür aber mit ganz neuem satztechnischen Gewicht erscheint. Inzwischen hat Bruckner die erste Niederschrift der *V. Symphonie* abgeschlossen (1876), und er beschäftigt sich neben der Revision der *III. Symphonie* auch mit deren Durchsicht und abschließenden Redaktion. Auf den dieses Mal durch pointierte thematische Arbeit vorbereiteten durchbruchartigen C-Eintritt des Hauptthemas folgen jetzt zwei hektische Anläufe hin zum Ges-Plateau und seinem offenen Dominantseptakkord-Ende. Das »fremde« Bläser-Thema und seine schwankende Verlängerung sind verschwunden. Als treibende Kräfte wählt Bruckner stattdessen die prägnanten Motive aus T. 2 und 3 des Hauptthemas. Kontrapunktik und extreme Reduktion auf deren – additiv eingesetzte – rhythmische Impulse sind wie in der Durchführung des ersten Satzes der *V. Symphonie* die Mittel, Erschütterung, ja Verstörung in eine Klimax zu treiben, an deren Ende der schiere Rhythmus, sekundiert von Streicher- und Holzbläserkaskaden, steht.

Aus dieser Klimax zum (negativen) Satzhöhepunkt sind die Seufzerketten vom Satzanfang, ist die »Meditation über den fallenden Sekundschritt« verschwunden: Aus Erschütterung wird in der Tat Verstörung. Welche Antwort über die kleinen disproportionalen Trostgesten der Streicher-Kadenz hinaus hält die Koda hierauf bereit? Stabilisiert sie die prekäre Balance? Ein gleißendes, wellenförmiges Streichertremolo im *ff* (T. 234 ff.), wie es ähnlich schon das zweite Thema des Satzes umhüllt hatte (T. 34 ff.), mit rhythmisch-akkordischer Verstärkung durch die Blechbläser, scheint die Antwort zu sein. Wenn die Bläser schweigen, sinken die Streicher, nunmehr ganz freiliegend, chromatisch ab. Dort haben selbst kritische Autoren ein (jedoch spezifisch modifiziertes und den eigenen Intentionen dienstbar gemachtes) Wagner-Zitat erkennen wollen, das »Schlafmotiv« aus der *Walküre.*[103] Wie auch immer es sich damit verhalten mag: In jedem Fall endet das emphatische achttaktige, zwischen Ces und As, der Subdominant der Grundtonart, ausgespannte Gebilde in einer »von außen« hereintönenden Geste der Beruhigung, in der eine extreme Spannung noch nachschwingt. In diese Geste fallen im siebten Takt die ersten beiden Takte des

103 Hinrichsen 1999, 118-122.

Hauptthemas in den Holzbläsern hinein, ihrerseits eine schon wie von fernher kommende Reminiszenz.

Daß der – abermals gekürzten – vierten Fassung des Satzes von 1888/89 auf dem Ges-Plateau eine auftrumpfende Trompetenstimme eingeschrieben ist, wurde immer schon als eine befremdliche, »fremde« Zutat empfunden, die zeitweise dem übereifrigen Franz Schalk zugeschrieben wurde, auf dessen »kuratorisches« Konto ja zweifellos die desaströsen Verunstaltungen des Finales gehen, auch wenn der Komponist sie wohl nolens volens gebilligt hat. Tatsächlich aber hat Bruckner hier selbst eingegriffen und, wie Gunnar Cohrs gezeigt hat,[104] mit einer triumphalen Geste, deren Verwandtschaft mit dem »non confundar«-Aufschwung des *Te Deum* (T. 388 ff.) und mit thematischen Momenten der *VII.* und *VIII. Symphonie* deutlich ist, die Verstörung selbst, an ihrem Ort, zu konterkarieren oder sie gar umzudeuten versucht – bei im Übrigen unverändertem Fortgang der Musik.

Erschütterung und Trost: Diese polare Konstellation prägt auch ein Werk aus der Zeit vor allen instrumentalsprachlichen, symphonischen Ansprüchen – den im Jahr 1852 in St. Florian entstandenen *Psalm 114* für fünfstimmigen Chor und drei Posaunen.[105] Bruckner wählt den deutschen (also für keine liturgische Funktion geeigneten) Text aus der Allioli-Übersetzung der Bibel.[106] Er befindet sich in einer wodurch auch immer begründeten persönlichen Krisensituation, die durch seinen Widmungsbrief an den Wiener Hofkapellmeister Ignaz Assmayr, von dem er sich Protektion erhofft, belegt wird (»Ich habe hier gar keinen Menschen, dem ich mein Herz öffnen dürfte, werde auch in mancher Beziehung verkannt, was mir oft heimlich sehr schwer fällt. [...] Ich kann hier nie heiter sein, und darf von Plänen nichts merken lassen«).[107] Der Psalm ist geeignet für Identifikation und Selbstaussprache.

104 Cohrs 1995, 25-29.
105 NGA, Bd. XX, 1.
106 Wald-Fuhrmann 2010, 279.
107 NGA, Briefe, II, 2 (520730).

Die den Text detailliert behandelnde, durch Pausen stark zäsurierte Komposition gelangt sehr bald zu einer dichten, intern scharf kontrastierten Affekt-Folge, wenn vom Tod die Rede ist:

Es umgaben mich die Schmerzen des Todes,
Es trafen mich die Gefahren der Hölle.

Trübsal und Schmerz fand ich.

Da rief ich den Namen des Herren an:
[...]

Den Tod und die Gefahren der Hölle evoziert Bruckner durch ein mächtiges, posaunengestütztes Unisono mit Oktavstürzen in einem zunächst bis zur Dezim, dann – ausdruckssteigernd – bis zur Duodezim geweiteten Ambitus. Für den Schmerz aber reserviert er den folgenden Abschnitt (»Trübsal und Schmerz«), der die Erschütterung durch den Todesgedanken in einer, greifen wir die gute Formulierung auf, Meditation über den Sekundseufzer behandelt – zunächst im kanonischen Wechsel von Frauen- und Männerstimmen, dann (ab T. 54) in drängender Verdichtung bis hin zu einer in d-moll endenden Sekundschritt-Kaskade. Und auf die danach eintretende Pause folgt eine kleine, plagale Kadenz hin zur parallelen Dur-Tonart F, in der die homophone Deklamation der Frauenstimmen (»Da rief ich...«) endet – vier schlichte Takte, die die Hoffnung auf Trost beschwören. Der tritt dann 22 Takte später in einer Wendung von e-moll nach H-Dur, wieder in den Frauenstimmen, tatsächlich ein: »Der Herr bewahret die Kleinen« (T. 84 ff.). Das sind – in subjektivem, autobiographischem Kontext und mit den 1852 zur Verfügung stehenden Mitteln – die Bausteine des Krisenmodells, das in den Symphonien seine objektive Form gewinnen wird.

Tritt der Tod im Psalm 114 nur als Metapher auf, so war er doch, aufgehoben im Ritual oder in paraliturgischen Funktionen, für den Sängerknaben und späteren Stiftsorganisten in St. Florian allgegenwärtig. Nicht gering war die Menge der zu feiernden Totenmessen allein schon durch die Dreizahl der jedem verstorbenen Chorherren zustehenden Messfeiern, die Sechswochenämter und Jahrgedächtnisse. Das konnte sich insbesondere im Herbst stark verdichten. Höhepunkt war das große Totengedächtnis am Allerseelentag, dem 2. November, das bei jedem sensiblen Teilnehmer und Beobachter einen unauslöschlichen Eindruck hinterlassen mußte. Nach den drei Totenmessen des Tages begab sich der gesamte Konvent zur Totensegnung über eine am oberen Ende des Mittelschiffs der Stiftskirche sich öffnende Treppe bei Fackel- und Kerzenschein in die weitläufige, das ganze Kirchenschiff unterfangende Gruft mit den alten Gräbern der Chorherren und den Sarkophagen der Äbte. Zum flackernden Licht trat die Musik: Posaunen hallten im Gewölbe wider in einfachem ländlichen Satz oder auch, anspruchsvoller, mit besonderen »Aequale«-Kompositionen, wie sie schon Beethoven 1812 auf Wunsch des rührigen Domkapellmeisters Franz Xaver Glöggl für die Allerseelen-Feier im Linzer Dom geschrieben hatte – eine oberösterreichische Spezialgattung. Neben vielen anderen Motiven dürfte dieses elementare, tief eingreifende jährliche Erlebnis eine Rolle gespielt haben bei Bruckners hartnäckig verfolgtem Wunsch, eben dort in der Gruft beigesetzt zu werden. Darüber später.

Beträchtlich war die Zahl der in St. Florian für die Totenmessen zur Verfügung stehenden Kompositionen – von kleinen, ländlichen Gebrauchswerken bis hin zu Michael Haydns *Requiem* in c-moll von 1771 und Mozarts 20 Jahre später geschriebenem *Requiem,* das die Erinnerung an Haydns bedeutendes Werk, bei dessen Erstaufführung Mozart im Orchester mitgewirkt hatte, aufbewahrt.[108] Dies waren im Florianer Kontext immer noch die

108 Schuler 2001.

großen Referenzwerke,[109] an denen sich der junge Bruckner, der im Januar 1847 zwei *Aequales* geschrieben hatte und dessen *Libera me* in f-moll 1854 bei der Trauerfeier für den Propst Michael Arneth nach Mozarts *Requiem* erklang, zu messen hatte.[110] Mit »Libera me de morte aeterna« – »Bewahre mich vor dem ewigen Tod« beginnt der für die »Absolutio super tumulum«, das auf die Messe folgende Aussegnungsritual, bestimmte Text. Bruckners eigenes *Requiem* von 1849[111] zeigt die Auseinandersetzung mit Michael Haydn und Mozart insbesondere bei den Textpartien des Offertoriums »Domine Jesu Christe«, die von den drohenden Höllenqualen und vom Sturz in eine ewige Nacht handeln: »ne absorbeat eas tartarus, ne cadant in obscurum« – »möge die Hölle sie nicht verschlingen, mögen sie nicht in die ewige Finsternis stürzen.« Mit seinen imitierend durch die Stimmen laufenden fallenden Sekundschritt-Kaskaden bei »ne cadant…« bleibt Bruckner hinter den energischen Formulierungen seiner Vorbilder zurück – Michael Haydns markantem Fugato eines oktavgeprägten Themas und Mozarts zum sukzessiven »Sturz« der Stimmen führender Septimfall-Sequenz (die Bruckner liebte und die später eine wichtige Rolle im Adagio seiner *V. Symphonie* spielen wird). Am Ende des Agnus Dei aber gelingt ihm eine eigenständige Lösung: Nach dem Vorbild vieler Vorgängerwerke (auch von Haydns *Requiem*) schließt er die Communio »Lux aeterna« zwar zäsurlos an, inszeniert hier aber mit einem dreifachen »Lux«-Ruf in reinen, im Quintenzirkel von A nach C sich bewegenden Dur-Dreiklängen, denen die Posaunen als ein affirmatives Echo nachschlagen, eine *Fortissimo*-Epiphanie des Lichts. Ihr folgt, ausgezeichnet durch Vorhaltsdissonanzen, ein Blick in die unausdenkbare Ewigkeit: »cum sanctis tuis in aeternum.« Das ist Bruckners erster, zögernd formulierter musikalischer Blick in eine andere Welt. Wie hätte ihn Bruckner wohl realisiert, wenn er eine im Jahr 1875 offenbar geplante große *Requiem*-Komposition, von der nur eine Skizze der ersten 18 Takte des Introitus erhalten ist, tatsächlich geschrie-

109 Zu M. Haydn: Bruckner-Bestände II, 20/65a, fol. 4v, 248.
110 NGA, Bd. XXI, Nr. 14 u. Nr. 17; Schuler 2001, 128.
111 NGA, Bd. XIV.

ben hätte?[112] Eine Ahnung davon, was da möglich gewesen wäre, geben die bei allem affirmativen Glanz meditativ-abgründigen Momente des sechs Jahre später konzipierten *Te Deum*, die über das »aeternum« nachsinnen (T. 291 ff., oben Kap. III u. V) oder die vom Stachel des Todes sprechen (T. 137 ff.): Ein angestrengt verschlungener polyphoner Abschnitt über einem Orgelpunkt auf G mit progressiv geschärften, am Ende schneidenden Dissonanzen bei »mortis aculeo« (»eine sich wie in Todesqualen windende Gestalt«).[113] Er kehrt signifikant wieder beim »quemadmodum speravimus in te« (T. 365 ff.) – dieselbe an die Grenzen gehende Anstrengung noch einmal vor dem Sprung in das erste, einmütig deklamierte Hoffnungsfanal des »In te Domine speravi« (dem allerdings noch weitere krisenhafte Momente vor der finalen, übermächtigen Affirmation folgen werden).

Anlaß der *Requiem*-Komposition von 1849 war der Tod seines treuen Förderers Franz Seiler, Gerichtsaktuar und Hofschreiber des Stifts. Bald aber tritt der reale Tod auch im intimsten Lebensbereich auf den Plan: Am 11. November 1860 stirbt, offenbar einigermaßen überraschend, in Ebelsberg bei Linz die wohl seit längerem an Tuberkulose erkrankte Mutter. Im »Brieftaschenkalender für das Jahr 1860« unterstreicht Bruckner im enggedruckten Kalendarium für den November, in dem er im übrigen die Termine seiner Klavierschülerinnen markiert, das Todesdatum und vermerkt mit kleinster Schrift am schmalen Rand, die Unterstreichung des Datums über die Kalenderspalten weiterführend: »Mutter gestorben«. Die gegenüberliegende, noch weitgehend freie Notiz-Seite benutzt er nicht. Buchstäblich marginalisiert er das Ereignis.[114] Sein am selben Tag in Ebelsberg geschriebener Brief an die Schwester Rosalia ist von fast geschäftsmäßiger Kürze: »Leider muß ich Dir berichten, daß die Sache einen überraschenden Ausgang genommen hat. Unsere gute Mutter ist heute (11. November) um 4 Uhr ins bessere Jenseits gegangen. Die Leiche ist am Dienstag früh morgens, wobei ich Dich erhoffe. Vielleicht kommt auch der Schwager. Viele

112 NGA, Bd. XXI, Nr. 44.
113 Nowak 1988, 92.
114 Verb. Pers., I, 11; II, 16, Abb. 12.; Maier 1997, 40.

Grüße Dein Bruder Anton.«[115] Eine Art momentaner emotionaler Erstarrung und die Unfähigkeit, angemessene Worte zu finden, drücken sich in diesen beiden Dokumenten aus, nicht mangelnde Empathie-Fähigkeit. Und was er in Gedanken und Worten nicht fassen kann, das sucht er durch ein Bild festzuhalten: Er bestellt einen Fotografen, der die Mutter auf dem Totenbett fotografiert. Das gerahmte Foto (Abb. 9), im Alltag abgeschirmt durch einen grünen Vorhang, begleitet ihn sein Leben lang durch alle seine Wohnungen. So ist der Tod, für den es keine angemessenen Worte gibt, immer präsent.

Hilflosigkeit aus der Überwältigung durch ein namenloses Grauen spricht auf den ersten Blick auch aus Bruckners Kalendernotiz (Abb. 10) zum Brand des Ringtheaters am 8. Dezember 1881, an das, nur durch eine Straße getrennt, seine Wohnung grenzte. Fast 400 Menschen waren bei dem verheerenden Unglück zu Tode gekommen. Nach überstandener Gefahr und dem Abschluß der Löscharbeiten muß Bruckner in die Ruine eingedrungen sein:

> 9. Stufen mit der
> kl[einen?] oben Tritt
> rechts v[om] 1. Stock.
> Ringth[eater] – auf beiden
> Seiten schon Male
> v[on] Leichen
> zwischen 2. u[nd] 3. Stock.
> die *meisten*.[116]

Das ist sein erster Eintrag in den neuen, noch unbenutzten »Akademischen Kalender der Österreichischen Hochschulen für das Studienjahr 1882«, gleich auf der verso-Seite des Titelblatts. Er protokolliert in noch unbeherrscht nachschwingender Erregung den Versuch, in das verwüstete Gebäude über einen ihm bekannten Weg einzudringen (der kleine Tritt, rechts vom 1. Stock, nicht irgendeiner; die Zahl der Stufen die er tastend emporsteigt, wird

115 NGA, Briefe, II, 19 (601111).
116 Verb. Pers., I, 182; II, 158, Abb. 2. Ich lese in der ersten Zeile »der« statt »dem«.

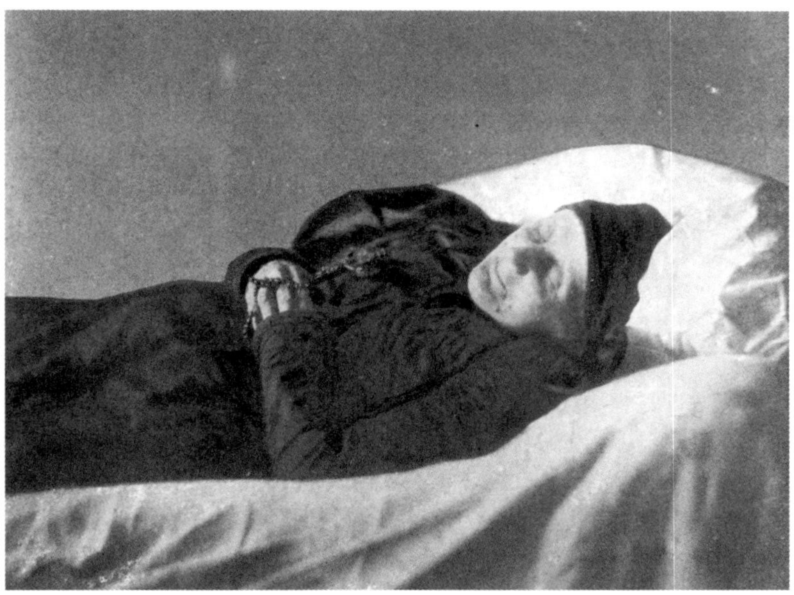

Abb. 9: Theresia Bruckner auf dem Totenbett (nach Nowak 1973, 93)

penibel, als wäre sie ein Rettungsanker, protokolliert). Aber der Versuch ist offenbar nicht erfolgreich. Denn er setzt mit dem Vermerk »Ringth.« und einem folgenden Gedankenstrich neu an. Der Duktus der Schrift wird jetzt bestimmter. Er bilanziert in steigendem Entsetzen das Grauen: Male von Leichen, die inzwischen geborgen und aufgehäuft wurden und an denen er in der ersten Erregung blind vorbeigelaufen sein muß, wenn er nicht zunächst einen Seiteneingang benutzt hat, treten jetzt in den Blick – auf *beiden* Seiten eines inzwischen wohl freigeräumten Weges, wie er durch Unterstreichung des »beiden« hervorhebt. Und in einer Klimax des Grauens, das im übergroß geschriebenen und wiederum unterstrichenen »die *meisten*« kulminiert, bei dem Bruckner zudem von der Kurrent- zur lateinischen Schrift wechselt, stellt er sich das vor Augen, was ihm die Rettungs- und Aufräummannschaften berichtet haben werden: Daß sie die meisten Leichen zwischen dem 2. und 3. Stock gefunden hätten (plausibel, denn aus den unteren Geschossen gelang wohl vielen die Flucht).

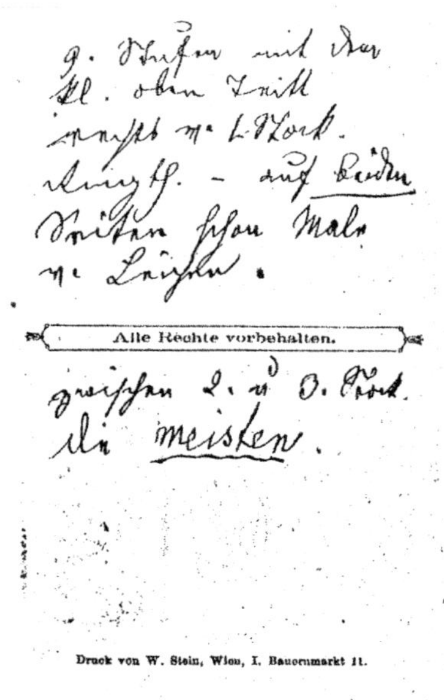

VORWORT.

Der vorliegende (6.) Jahrgang des akademischen Kalenders der österreichischen Hochschulen hat in allen wesentlichen Punkten jene Gestalt und jene Anlage beibehalten, welche er von Anfang an gehabt und die sich bisher so vortrefflich bewährte; nur in dem Namen des Herausgebers ist eine Aenderung eingetreten. Im Uebrigen haben wir zu diesem Jahrgange unseres Kalenders nichts zu bemerken und obliegt uns nur noch die angenehme Pflicht, jenen Factoren, welche uns ihre Förderung und Unterstützung angedeihen liessen, den verbindlichsten Dank hiefür auszusprechen; so vor Allem dem k. k. Ministerium für Cultus und Unterricht, welches uns, wie alljährlich, in bereitwilligster Weise alle auf die Hochschulen bezüglichen wichtigen und nothwendigen Daten zur Verfügung stellte, die von anderer Seite zu erlangen uns unmöglich war; ferner den Rectoraten der Universitäten von Wien, Graz, Innsbruck, Czernowitz, Krakau, Lemberg, der technischen Hochschulen von Wien, Prag (deutsches und böhmisches Institut), Graz, Lemberg, Brünn, der evangelischen Facultät, der Hochschule für Bodencultur in Wien und schliesslich der Bergakademie in Příbram.

Auch den akademischen Vereinen und Verbindungen Oesterreichs sind wir für ihre zahlreichen freundlichen Mittheilungen zu grossem Danke verpflichtet; leider aber waren wir wegen Raummangel gezwungen, von denselben nur einen beschränkten Gebrauch zu machen.

Wien, im September 1881.

Die Redaction.

Abb. 10: Akademischer Kalender der Österreichischen Hochschulen für das Studienjahr 1882, fol. 3v/4r, ÖNB Wien

Wie aus namenloser Verstörung eine das Entsetzen strukturierende Form des Erlebens wird, zeigt die Verfassung des Textes mit seinen zwei Anläufen. Das Grauen wird nach der Verwirrung zum großen Crescendo modelliert. So verfährt Bruckner dann auch am Ende der Reprise des 1884 skizzierten und im Februar 1886 vollendeten ersten Satzes seiner *VIII. Symphonie*, das er fünf Jahre später die »Todesverkündigung« nennen wird (oben Kap. V). Zu ihr kehren wir nun noch einmal zurück.

»Todesverkündigung« ist keine Charakterisierung post festum.[117] Nicht bemerkt worden ist bisher, daß sich Bruckner bei seiner Charakterisierung des negativen Höhepunktes des Satzes im Brief vom 27.1.1891 an Felix Weingartner eher auf den Text der ersten als der inzwischen entstandenen (Weingartner vorliegenden) zweiten Fassung des Werks bezieht, wenn er von der »Todesver-

117 So Hinrichsen 2016, 105 u. 109.

kündigung, die immer sporadisch stärker endlich sehr stark auftritt« spricht.[118] Die Posaunen führen hier das auf seinen höchst markanten Rhythmus reduzierte Hauptthema schon in das Ende des vorbereitenden Steigerungszuges im *Mezzoforte* ein (T. 371). Im *Forte* übernehmen es vier Takte später Hörner und Trompeten auf der Tonika c, die bis zum Ende unerbittlich durchgehalten wird. Drei Mal treten Pausen zwischen seine folgenden *Fortissimo*-Einsätze, bis es schließlich ab T. 389 nicht mehr »sporadisch«, sondern in pausenloser Verkettung noch fünf Mal erscheint; zuletzt, nach dem Verstummen aller anderen Stimmen, gänzlich freiliegend.

»Grundiert« wird das Geschehen von drei aufsteigenden Skalengängen der Bässe in Halben, die auf ihrem Gipfelpunkt jeweils chromatisch geschärft sind. Drei Mal erreichen sie ein fis. Überfangen aber wird der nackte Rhythmus von einer in den hohen Holzbläsern, zwei Tuben und der ersten Trompete aufheulenden kleinen Sekund as–g – zunächst in Halben; dann in Vierteln und in drängender, kontrahierter Folge; dann schließlich in einer machtvollen Dehnung, an deren Ende das fis der Bässe und das as gemeinsam das g des Quartsextakkords von c hervortreiben.[119]

Das ist eine dramatisch voranschreitende Klimax des Entsetzens, die sich in der zweiten Fassung von 1890 zu einem kompakten Plateau verdichten wird: Im *Fortissimo*, das sich nur noch zum dreifachen *Forte* steigern läßt, bricht es sogleich mit der pausenlosen Verkettung des Rhythmus ein (T. 369). Es verkürzt den Baßgang auf einen diatonischen Tetrachord, »reguliert« die Einsätze der kleinen Sekund as–g und spart das fis für das dadurch umso unerbittlicher erscheinende Ende auf. Narration verdichtet sich zur Quintessenz des Todesschreckens. Schon die erste Fassung also, nicht erst die zweite, über die Bruckner im Weingartner-Brief vordergründig redet, führt das Todesthema ein, auch wenn die Idee der »Verkündigung« als einer ehernen Botschaft besser mit der zweiten Fassung kompatibel sein mag. Der Tod ist immer schon gegenwärtig. Er tritt hier ins polare Krisenmodell von Störung und

118 NGA, Briefe, II, 114 (910127/2).
119 Hinrichsen 2004, 229.

Restitution ein. Katastrophische Erfahrungen eines wachsenden Grauens wie die des Ringtheaterbrands und seiner Folgen können die Krisendynamik ins Äußerste treiben. Hier gewinnen sie strukturhomologe Gestalt. Wie aber steht es um die Restitution?

1886 folgt auf eine sieben Viertel währende Generalpause ein durch ein Paukentremolo *pp* eingeleiteter Epilog, gebildet aus dem progressiv sich verkürzenden Material des Hauptthemas, nunmehr in der Grundstellung des c-moll-Akkords. Keine besänftigende Kadenz, kein Choral, kein von fernher herüberwehendes Zitat macht einen Versuch der Wiederherstellung der Balance, des Trostes nach dem Blick ins Nichts der Generalpause. Mit »Erregungsabbau« wäre die Funktion dieses Epilogs wohl am besten beschrieben. Aber nach dem trostlosen Auspendeln der Thementrümmer und einer neuerlichen Generalpause folgt sozusagen verspätete, dafür aber gewalttätige, in C-Dur kulminierende Affirmation durch das augmentierte und in seinen einzelnen Gliedern hartnäckig repetierte Hauptthema: Restitution nach der bisher größten symphonischen Katastrophe in Bruckners Œuvre soll in einem proportional angemessenen Balance-Kraftakt herbeigezwungen werden. Aber die Geste bleibt, gerade durch ihre obstinate Verfassung, hohl.

»[…] am Schluß: die Ergebung«, so fährt Bruckner im Brief an Weingartner fort, und er deutet damit auf das Modell, nach dem er Ende 1889/Anfang 1890 den Satzschluß revidiert hat. Es ist das Gethsemane-Modell von Todesangst und Gehorsam (»obediens«), Ergebung in den Willen des göttlichen Vaters, das ihm 1884 bei der Komposition des dritten *Christus factus est* und zwei Jahre später in der Bayreuther Stadtkirche wieder ganz gegenwärtig wurde (oben Kap. IV u. V). Ein in seinem Gesamtwerk singulärer Satzschluß eines Ecksatzes ist das Resultat. Die hohle Affirmation entfällt. An das Auspendeln der Themenfragmente fügt er noch vier weitere, »verlöschende« Takte an: Aus Erregungsabbau wird »Ergebung« – weniger durch die (geringfügigen) Änderungen der Faktur als durch die neue Funktionsbestimmung als definitiv »letztes Wort« des Satzes. Der Wegfall der Affirmation ermöglicht die poetische Umdeutung. (Daß Bruckner auch von der »Totenglocke« oder »Totenuhr« gesprochen habe, gehört in den hier aus Grundsatzerwägungen vermiedenen Bereich der Erinnerungsliteratur und der Anekdoten – der authentische Ausdruck »Ergebung« reicht völlig aus.)

Die Krise bleibt am Ende des ersten Satzes ungelöst. Sie bleibt in Suspens, bis sich im Finale in zwei großen Anläufen die Restitution anbahnt bzw. ereignet – einmal als ein Vorschein am Ende der Exposition und dann in der monumentalen Koda. Das aber heißt auch: In der zweiten Fassung der Symphonie greift die Logik des Krisenmodells über die Satzgrenzen hinaus, so wie es sich schon früher nicht an einen bestimmten Ort innerhalb der einzelnen Sätze binden ließ. Es verklammert nun die Ecksätze.

»Im *Finale* ist auch der Todtenmarsch u dann (Blech) Verklärung.« Damit schließt Bruckners »Programmskizze« im Brief an Weingartner, nachdem er über seine Idee des Scherzos (»deutscher Michel«) und über Episoden des Finales (Treffen von Kaiser und Zar in Olmütz, Kosakenritt) geschrieben hat. Wir treten hier nicht in eine neuerliche Diskussion dieser Rätsel ein.[120] Offenbar geht es um die Phantasmagorie eines großen Heimat-, Reichs- und Welttheaters in dieser dem Kaiser Franz Joseph I. gewidmeten Symphonie, in dem auch der Tod seine Rolle spielt. Er beherrscht wie mit einer eisernen Klammer alles imaginierbare Geschehen, denn der »Todtenmarsch« ist kein bloß episodisches Ereignis. Es findet nicht unter anderem auch *ein* Totenmarsch im Finale statt, er ist vielmehr durch den bestimmten Artikel ausgezeichnet. Damit kann er (da sonst vom Tod nicht die Rede ist) nur auf den Beginn von Bruckners Text zurückverweisen, der von der Todesverkündigung am Schluß des ersten Satzes handelt: ›Im Finale ist auch das Todesthema in Form eines Totenmarsches präsent‹, so müßte man den Schlußsatz seiner Skizze wohl paraphrasieren. Und in der Tat: Auf dem Höhepunkt der dritten Themengruppe der Exposition tritt der scharf markierte Rhythmus des Hauptthemas des ersten Satzes wieder auf (1886: T. 195 ff., 1890: T. 183 ff.).

Auf diesem – wieder negativen – Höhepunkt kehrt der ostinate, aus Vierteln und später aus Vierteln und Achteln gebildete Schreit-

120 Floros 1980; Dahlhaus 1988/2003. Über Floros hier kein weiteres Wort.

Rhythmus des dritten Finale-Themas, der schon bei seinem ersten Auftritt und seiner Antizipation am Ende der zweiten Themengruppe (1890: T. 131) Sinistres verheißen hatte, im *ff* wieder – nunmehr reduziert auf seinen charakteristischen Kopf aus der fallenden Quart B–F (die um die Oktav ergänzt ist). Pauke, Fagotte und Streicherbässe hämmern ihn über 29 Takte. Baßposaune und Kontrabaßtuba halten konstant über die ganze Strecke ein B im mächtigen, punktierten Rhythmus des Finale-Hauptthemas, während die Holzbläser und das übrige Blech über diesem Pedalton im selben Rhythmus in eine zunehmende harmonische Schärfung eintreten. Und dieses in drei Schritten aufsteigend sich ereignende, ein Ziel vorerst nicht erkennen lassende harmonische Abenteuer wird vorangetrieben durch den Todesverkündigungs-Rhythmus aus dem Ende des ersten Satzes, der jeweils vor dem nächsten Schritt im ersten Hornquartett, ebenfalls konstant auf b, erscheint. Bei seinem zweiten und dritten Auftritt aber befeuert er nicht nur die Harmonik, sondern auch das rhythmische Geschehen: Der majestätische Rhythmus des Hauptthemas wird ins Vierteltempo des ostinaten Schreitmotivs hineingezogen. Er verkürzt sich in gellender Dissonanz wahrhaftig zu den Fetzen eines beschleunigten »Todtenmarsches« (1890: T. 199 ff.). Auf einem Dominantseptakkord-Plateau, das nach Es zu weisen scheint, beruhigt sich zwar der Hauptrhythmus wieder, die Hörner aber bilden nun die aus dem Schluß des ersten Satzes bekannte unerbittliche Rhythmus-Kette, innerhalb derer der ›Herrscher im Reich der Harmonie‹ über einen Undezimenakkord auf f zum Ausgangs-B-Dur zurückleitet. – Unschwer erkennt man, ins Gigantische gesteigert, die Faktur-Elemente wieder, die schon den Jenseitsblick des »cujus regni« der *Messe f-moll* geprägt hatten. Der Tod steht auf der Grenze von Diesseits und Jenseits.

Wie von fernher war schon nach dem ersten Auftritt des sinistren Schreitthemas eine zweimalige Beruhigungsgeste erschienen: eine aus der Höhe absteigende, aus den Nachsätzen von erstem und zweitem Thema abgeleitete choralartige Bildung (»Feierlich, innig«) in den hohen Holzbläsern und Streichern, gestützt von Posaunenakkorden – einmal in Cis und einmal in A endend, weit entfernt von den Haupttonarten.[121] Ernst Kurth nannte sie treffend eine »visionäre Episode«, konnte aber ihren ›Formsinn‹ nicht recht erkennen.[122] Zwanglos stellt er sich ein, wenn man die Logik des Krisenmodells verstanden hat. In den Streichern erscheint die Episode wieder, wenn nach dem Totenmarsch-Höhepunkt die Erregung in den Hörnern abgeklungen ist, die den Rhythmus des Hauptthemas nachschwingen lassen und zugleich an das Hauptthema des langsamen Satzes alludieren. Aber seltsam: Ihr prominenteres Auftreten hat sie dort, wo noch vergleichsweise wenig in die Balance zu bringen ist – so, als wolle sie schon tröstlich vorsorgen für das, was erst noch kommen wird. Ihr zweites, bescheideneres Auftreten aber bereitet die eigentliche Restitution vor. Das in den unerbittlichen Schreit-Rhythmus hineingezogene, zu Marschfetzen denaturierte Hauptthema kehrt, auf seine originäre Diastematik zurückgeführt und plagal harmonisiert, in verklärtem Es-Dur (der parallelen Dur-Tonart des c-moll-Finales) in lichten Holzbläsern wie eine Verheißung wieder. Die Klarinetten schlagen mit Dreiklangsbrechungen nach. Sie erinnern an die Trompetenfanfaren des Satzbeginns. Damit endet die Exposition.

Restitution über die apotheotische Wiederkehr des Hauptthemas oder der Hauptthemen gehört zur Finalstrategie. Was am Ende der Exposition nur ein rhythmischer »Brandbeschleuniger« war – um noch einmal diese Metapher zu verwenden –, das kehrt am Ende der Reprise in einer melodischen Gestalt, aber nicht minder katastrophisch wieder: Das Hauptthema des ersten Satzes bricht in das zu einem bedrängenden Fugato verarbeitete Schreit-Thema der dritten Themengruppe, dessen rhythmischer Impuls sich zunehmend verdichtet, buchstäblich ein (1886: T. 667, 1890: T. 617 ff.) – »in die Dissonanz des dominantischen Undezimenakkords g–d–f–as–c hineingepresst«.[123] Das ist ein äußerster Moment der Krise, analog der »Todesverkündigung« des ersten Satzes, wenn auch harmonisch drastisch geschärft. Auch der »Erregungsabbau«, das Auspendeln der Themenfragmente, zu dem am Ende nach-

121 Dahlhaus 1988/2003, 721; Korstvedt 2000, 45.
122 Kurth 1925, II, 1087.
123 Hinrichsen 2004, 227.

schlagend das Quartfall-Schreitmotiv in der Klarinette hinzutritt, wiederholt sich.

Die in der zweiten Fassung in Suspens gehaltene Affirmation – nun soll sie sich nach einer letzten Generalpause ereignen (»u dann (Blech) Verklärung«). Bruckner setzt zu seiner größten Restitutionsgeste an, wenn er die vier Hauptthemen der Sätze in der monumentalen Koda miteinander kombiniert. Das wird nur möglich durch eine flexible Handhabung der Diastematik, wie sie zu seinen elementaren kompositorischen Verfahren gehört. Die aber führt hier zur Nivellierung der originären Themengestalten, welche zur Apotheose ins C-Dur-Korsett nur zusammengezwungen werden. Erst Komplexitäts-Reduktion ermöglicht die Koexistenz der Themen, wie Hans-Joachim Hinrichsen in seinem Aufsatz über die *VIII. Symphonie*, dem er den Untertitel »Reductio ad abstractum oder die Konzeption sinfonischer Monumentalität« gab, gezeigt hat. In »überhellem Gegenlicht, das alle Konturen zum Verschwinden bringt«,[124] endet die Koda. Das gleißende Licht der Koda des Finales der *III. Symphonie* kehrt in seiner Ambivalenz wieder. Und diese dort mehr nur erahnte Ambivalenz konkretisiert sich hier auf höchst signifikante Weise. Auch dem größten Kraftakt gelingt es nicht, die prekäre Balance aufzulösen. Sie bleibt das Signum von Bruckners künstlerischem Handeln – seiner Erfahrungswelt, seinem Denken und seinem Komponieren.

124 Ebd., 237.

VIII. … ne cadant in obscurum – mögen sie nicht in die ewige Finsternis stürzen.

Zwei Jahre nach dem Abschluß der 2. Fassung der *VIII. Symphonie* gewinnt die Todesthematik, bisher trotz aller eingreifenden persönlichen Erlebnisse nur ein furchtbarer, unausdenkbarer Gedanke, der ihn freilich wie im Falle des Ringtheaterbrandes »bis ins innerste Mark« treffen konnte,[125] für Bruckner eine neue Dimension: Sie rückt ihm buchstäblich auf den eigenen Leib – und es beginnt der vier Jahre währende Kampf, zu lähmender Angst immer wieder Distanz zu gewinnen und zu behaupten, damit weiter Kunst entstehen kann. Ernst Schwanzara hat für das unerbittliche Heranrücken des Todesgedankens in seinen zwar spät erst erschienenen, jedoch skrupulös redigierten stenografischen Vorlesungsmitschriften, die auch Bruckners Digressionen und Pausengespräche protokollieren, Belege hierfür geliefert.

Nach einem ersten schweren Krankheitseinbruch nimmt Bruckner am 17. Oktober 1892 unter dem Jubel seiner Hörer seine Universitätsvorlesungen wieder auf. »Am 17. d. [Monats] *Universität* voll, großer *Spectakel«*, schreibt er einen Tag später in einem Postscriptum an Oddo Loidol nach Kremsmünster.[126] Aber die Todes-Allusionen häufen sich. Am 31. Oktober kommt Bruckner auf den nun elf Jahre zurückliegenden Ringtheaterbrand zu sprechen, »und teilte dabei mit, daß auch der Bankier Brown aus New York im Theater war. Tiefergriffen schloß er mit gesenkter, leiser Stimme: ›Im Telegramm ist nur gestanden: »Herr Brown tot«‹.«[127] Drei Wochen später spricht er über die *VIII. Symphonie*, deren Uraufführung bevorsteht: »Im 4. Satze meiner VIII. Symphonie kommen die Posaunen zum Zeichen des Letzten Gerichts an das Ende.«[128] Und am Tag nach der Uraufführung, am 19. Dezember, berichtet er vom Fortgang seiner Arbeit an der *IX. Symphonie* und

125 NGA, Briefe, II, 196 (811211).
126 NGB, Briefe, II, 194 (921018/2).
127 Schwanzara 1950, 136.
128 Ebd., 150.

teilt seinen Zuhörern »tiefgerührt, mit Tränen in den Augen«, mit, »daß ihm gestern das Todesthema eingefallen sei«.[129]

Welche Stellen mag er hier gemeint haben? Dem Buchstaben nach identifizieren lassen sie sich nicht. Im Finale der *VIII. Symphonie* kommt das Ende der apotheotischen Koda, in der die Posaunen prominent das ins positive C-Dur korrigierte und diastematisch »befreite« Hauptthema des ersten Satzes vortragen, nicht in Frage (da ist alles »Verklärung«). Es könnte sich um jenen katastrophischen Einbruch des Hauptthemas des ersten Satzes am Ende der Reprise (T. 617) handeln, aber dort gibt es keine selbständig hervortretenden Posaunen. Im Falle der *IX. Symphonie* sind wir auf den langsamen Satz verwiesen, denn der erste Satz war zu diesem Zeitpunkt in einer ersten Niederschrift bereits abgeschlossen (14. 10. 92) und der Scherzo-Hauptteil stand kurz vor der Vollendung.[130] Gemeint sein könnte ein erster Entwurf zum Hauptthema des Adagios (allerdings wohl in lichtem E-dur), an dessen endgültiger Formulierung Bruckner bekanntlich lange gearbeitet hat. Erste datierte Skizzen zu diesem Satz sind ab dem 2. Januar 1893, also zwei Wochen später, greifbar.[131] Auf was auch immer er sich hier bezogen haben und was auch immer Schwanzara verstanden haben mag: Bruckner spricht hier sub specie mortis. Ein musikalischer Befund wird kraft einer bedrängten und zugleich überschießenden Imagination (ein Bedingungsverhältnis) ins Apokalyptische weitergetrieben, eine »prima idea« mit dem Tod assoziiert. Das jedenfalls ist die Ausgangslage für die Arbeit am Adagio der *IX. Symphonie.*

Auf den Lakonismus des fahlen Satzes »Herr Brown tot« aber, dessen Konsequenz nur ein Verstummen sein kann, war schon am 5. Dezember ein diametral entgegengesetzter Ausbruch Bruckners gefolgt. Eine neuerliche gesundheitliche Krise hatte ihn zu einer zweiwöchigen Pause gezwungen. Sein Arzt habe ihm dringend dazu geraten, es sei denn, er wolle »in acht Tagen nicht mehr unter den Lebenden sein« – so berichtet er an diesem Tag seinen Zuhö-

129 Ebd., 161.
130 NGA, Studienband zu IX/2, 69.
131 Orel 1934, 52. f., 61 f.; Steinbeck 1993, 98 f.

rern. Dann folgt eine Szene, die man sich nicht ausdenken kann: »Der aufrecht stehende Bruckner reckte sich, aus seinen sonst so milden Augen blitzte ein wilder Kampfgeist, eine kühne Entschlossenheit, und er rief mit bebender Stimme, aber entschieden: ›Ja, ich will noch unter den Lebenden sein, so lange als möglich noch!‹ Seine Lippen waren farblos geworden, sein Gesicht verzerrte sich; in den Zügen wechselten zäher Lebensmut und bange Todesangst. [...] Während unsere Herzen noch bange schlugen, kämpfte der noch immer in achtunggebietender, aufrechter Haltung dastehende Bruckner seine Erregung nieder. Dann setzte er, beruhigt, in gewohnter Art die Vorlesung fort.«[132]

»Ich will gefallen dem Herrn/im Lande der Lebendigen!« – mit diesen Versen schließt der 114. Psalm, den Bruckner 1852 in St. Florian vertonte (oben Kap. VI). Was sein Arzt wohl nur (wenn auch gehoben) umgangssprachlich formuliert haben mag, wenn überhaupt in diesem Wortlaut, das läßt Bruckner hier ans Biblische alludieren. Er hatte 40 Jahre zuvor seine autobiographisch geprägte Komposition zu diesen Schlußversen mit einer Fuge gekrönt, die all sein Können unter Beweis stellen sollte.

Einen höchst bemerkenswerten Kampfgeist zeigt Bruckner dann auch bei der Durchsetzung seines Wunsches, in der Gruft der Florianer Stiftskirche bestattet zu werden. Der Gedanke war schon 1875 beim Abt Ferdinand Moser ventiliert worden.[133] Am 10. November 1893 nimmt er – nach diffizilen Vorsondierungen, bei denen offenbar taktisch auch Steyr als Alternativort gegen St. Florian ausgespielt wurde[134] – konkrete Gestalt an: Bruckner verfaßt sein Testament, dessen erster Abschnitt genaue Bestattungsanweisungen für Wien und St. Florian enthält:

> Ich wünsche, daß meine irdischen Überreste in einem Metallsarge beigesetzt werden, welcher in der Gruft unter der Kirche des regulierten lateranischen Chorherrnstifts St. Florian, und zwar unter der großen Orgel frei hineingestellt werden soll, ohne versenkt zu werden und habe ich mir

132 Schwanzara 1950, 90 f.
133 NGA, Briefe, II, 291 (940911/2); Buchmayr 2015, 17.
134 NGA, Briefe, II, 234 (931009).

> hierzu die Zustimmung schon bei Lebzeiten seitens des hochwürdigsten Herrn Prälaten genannten Stiftes eingeholt. – Mein Leichnam ist daher zu injicieren, zu welchem Liebesdienste Herr Professor Paltauf sich bereit erklärt hat, und ist Alles ordnungsmäßig zu veranlassen (Leiche I. Classe) damit die Überführung und Beisetzung in der von mir bestimmten Ruhestätte in St. Florian in Ober-Österreich anstandslos bewirkt werden könne.[135]

Doch sind die Angaben zum Metallsarg nicht präzise genug. Für eine freie Aufstellung des Sarges ist nach den hygienischen Vorschriften ein Doppelsarg erforderlich. Dank der Intervention des Stadtpfarrers von Steyr, in dessen Pfarrhof sich Bruckner im Sommer 1894 wieder einmal aufhält, und des Florianer Stiftsdechanten kann ein neuerliches Einvernehmen mit dem Abt hergestellt werden,[136] und der inzwischen schwerkranke Bruckner verfolgt mit einem Kodizill zum Testament vom 25. September 1894 hartnäckig weiterhin sein Ziel:

> […] bestimme ich, daß mein Leib nach meinem Tode in der Gruft der Stiftskirche St. Florian in Oberösterreich beigesetzt werde, und zwar in jener Weise, wie der hochselige Herr Propst Jodok Stülz beigesetzt ist.
> Mein Leichnam soll daher vorschriftsmäßig injicirt und in einem metallenen Doppelsarg, dessen innerer eine mit Glas verschlossene Einsicht auf das Angesicht gewährt, gelegt, und dieser Sarg frei in der Gruft unter der großen Orgel aufgestellt werden.
> Nur in dem Falle, als wegen eines unvorhergesehenen Hindernisses der Sarg nicht frei aufgestellt werden könnte, soll derselbe in der Gruft in ein gemauertes mit einem steinernen Deckel, aber nicht mit Erde, bedecktes Grab gelegt werden.[137]

Explizit wird in der Folge nun Steyr als Alternativort genannt, aber auch dort soll eine Erdbestattung unbedingt vermieden werden: Eine Gruft wäre im Arkadengang, der um die Kirche verläuft, neu zu erbauen, die injizierte Leiche im Doppelsarg in sie hineinzustellen.

135 Zit. nach Keller 1984, 98.
136 Bruckner-Bestände II, 11 f.; NGA, Briefe, II, 291 (940911/2).
137 Keller 1984, 105.

Das sind erstaunliche Dokumente eines im Kontext von Künstlertestamenten und -beerdigungen singulären, am Ende tatsächlich in allen Details realisierten Bestattungsprojekts, dessen Motivation einer widerspruchsfreien Deutung nur schwer zugänglich zu sein scheint. Mit welcher »intensiven Sorge ein Mensch, der ein ganzes Leben lang im christlichen Glauben verwurzelt war, die Äußerlichkeit seines Grabmals plant«, erschien dem Juristen Rolf Keller, der Testament und Kodizill professionell gewürdigt hat, doch »merkwürdig«.[138] Mindestens drei Motivationsschichten lassen sich unterscheiden: Es geht um eine »standesgemäße« Bestattung (»Leiche I. Classe«); es geht um die möglichst intakte Erhaltung des Leichnams, aus welchen Gründen auch immer (Vermeidung von Erde, Injizierung); und es geht um die Heimkehr in eine Welt, in der neben Liturgie und Musik (»unter der großen Orgel«) auch der Tod immer schon seine Rolle gespielt hat.

Zur Standesfrage: Metallsärge, zusammen mit diversen Konservierungsmaßnahmen für die Leiche, waren lange Zeit fast ausschließlich dem Adel und dem hohen Klerus vorbehalten. Sehr selten erlangte ein – herausragender – Künstler dieses Privileg (so 1762 der berühmte Maler und ehemalige Akademie-Rektor Paul Troger, dessen Zinnsarg frei in der Gruft der Wiener Schottenkirche aufgestellt wurde). Später bemächtigte sich auch das aufstrebende Großbürgertum dieser Bestattungsweise. Spätestens mit seiner Ernennung zum Ritter des Franz-Joseph-Ordens im Jahr 1886 konnte sich Bruckner als zur Stufe herausragender Männer aus Wirtschaft und Kunst aufgestiegen verstehen. Just der Florianer Prälat Moser, mit dem er später über seine Grablege zu verhandeln hat, gratuliert ihm zur Ordensverleihung mit den Worten: »sehe ich Sie dadurch eingeführt in den Kreis jener Männer unter welche ich Sie schon immer als gehörig betrachtete.«[139] Vor diesem Hintergrund erscheint auch der im Kodizill insinuierte Vergleich mit der Bestattung des 1872 verstorbenen Abts Jodok Stülz (und somit der jüngsten Beisetzung in der Gruft) nicht als unangemessen.

138 Ebd., 106.
139 NGA, Briefe, I, 308 (860711).

Der frisch dekorierte Bruckner besucht dann bald auch den k. k. Hofball, wo er auf wichtige Militärs und Hofbeamte, vor allem aber auf die Erzherzogin Marie Valerie trifft, die ihm offenbar ein Foto (?) verehrt. Im »Professoren- und Lehrer-Kalender 1886/87« notiert er:

> 20. Jänner Hofball.
> nach 9 Uhr bis ½ 12 Uhr.
> Gräfin Bäcker Bildchen
> geschenkt v[on] *Valerie.*
> Albrecht – Hohenlohe
> Gautsch. General –
> etc etc etc…[140]

Ein Übriges tut dann neben den endlich sich einstellenden beträchtlichen musikalischen Erfolgen die Ernennung zum Ehrendoktor der Universität Wien im November 1891. Bruckner sieht sich nun berechtigt zur höchsten Stufe (»I. Classe«) des »Pompe funèbre«. Der aber gilt über die Person hinaus der Kunst. Wir haben kaum explizite Zeugnisse dafür, wie emphatisch Bruckner die Verbindung von Person und Kunst als letzte Legitimationsinstanz verstand. Ausgerechnet in einem Bittbrief vom Dezember 1890 aber scheint sie auf, in dem hinter den üblichen Kanzleistil-Floskeln ein selbstbewußtes Patronage-Modell seinen Strukturelementen nach sichtbar wird.

Der Fürst Johann II. von und zu Liechtenstein war jenem »Consortium« aus aufstrebenden Großbürgern und Adligen beigetreten, das Bruckner nach seinem Abschied von seiner Konservatoriums-Professur einen angemessenen Lebensunterhalt sichern wollte, aber er hatte seine Geldzusage vorerst auf ein Jahr begrenzt. Nun soll sie auf Dauer gestellt werden. Bruckner schließt seinen Bittbrief mit einem Aufruf der »hohen Kunst«, der er sich im Gegenzug zur erhofften ferneren Unterstützung bis an sein Lebensende verpflichtet fühle:

140 Verb. Pers., I, 325; II, 270, Abb. 3.

> […] und versichert zu sein, daß der fürstlich bedachte Künstler sich *Euerer Durchlaucht* Gnade eben sowohl durch tief innigsten Dank als durch treues Ausharren im Dienste seiner hohen Kunst bis an seines Lebens Ende jederzeit würdig erweisen wird.[141]

Die Kunst ist es hier, über alle gesellschaftlichen Dekorationen hinaus, die den Bittsteller nobilitiert und ihn von Gleich zu Gleich reden läßt, auch wenn Bruckner sich nicht ungeschickt, aber doch authentisch, nur als deren treu ausharrenden Diener bezeichnet: Die Herrin erhebt den Knecht. »Hohe Kunst« hat er in die Waagschale zu werfen im Wechselspiel mit materieller Unterstützung durch kennerschaftliche Gönner.[142]

Zur Erhaltung des Leichnams: Diese zweite Motivationsschicht führt noch tiefer in den Themenkomplex von Künstler und Kunst hinein. Im Juni 1888 wurden Beethovens sterbliche Überreste ein zweites Mal exhumiert, weil sie vom Währinger Friedhof in den Ehrenhain des neuen Zentralfriedhofs übertragen werden sollten. Ebenso wurde knapp drei Monate später mit Schuberts Gebeinen verfahren. Beethovens erste Exhumierung im Jahr 1863 hatte bereits den wenig erfreulichen Zustand der Leiche sichtbar gemacht, der bei Erdbestattungen im Holzsarg im Lauf der Zeit unvermeidlich eintritt. Hinzu kam die Fragmentierung des Schädels, die der Obduktion zu verdanken war, mit der man vor der ersten Bestattung Beethovens Gehörleiden auf den Grund gehen wollte. (Fragmente des Schädels verschwanden bei dieser ersten Exhumierung. Sie tauchten erst 2005 in Kalifornien wieder auf.)[143] Zwar waren dann schon 1863 die Gebeine in einen Metallsarg transloziert und dieser in eine ausgemauerte Gruft versenkt worden. Aber das, was Bruckner, der Beethovens und Schuberts Grab seit 1870 regelmäßig am Allerseelentag besuchte und den die Exhumierungen von 1888 magisch anzogen, sehen konnte, war desolat, denn Beethovens Schädel war weiter zerfallen.[144] Das muß ihn tief erschüttert ha-

141 NGA, Briefe, II, 97 f. (901216).
142 Oevermann 2007, 21 f.; Tauber 2009, 127-133.
143 Frankfurter Allgemeine Zeitung vom 18.11.2005.
144 Verb. Pers., I, 249; II, 220, Abb. 7.

ben – auch wenn ihm sicher nur ein kurzer Blick in den noch an der Grabstätte eröffneten Sarg möglich war. Die fantastischen Erzählungen von Bruckners Zwiesprache mit Beethovens Schädel gehören ins Feld der hagiographischen Literatur, auch wenn sie sich zum Teil auf »Augenzeugen« beruft.[145] Laut Protokoll standen den anatomischen Experten, die zu der Exhumierung geladen waren, nur zwanzig Minuten für ihre Untersuchungen zur Verfügung. Dann wurden die Gebeine in einen metallenen Prunksarg gelegt und am nächsten Tag feierlich in der neu geschaffenen Gruft auf dem Zentralfriedhof beigesetzt. Bruckners eigener Sarg sollte später zum selben Typus gehören.[146]

Unvermeidlich, daß dieses Ereignis im Kreis der jungen Ärzte, die sich regelmäßig im Restaurant »Riedhof« in der Josefstadt trafen (und die später in der Mehrzahl bedeutende berufliche Positionen einnahmen), erörtert wurde. Bruckner war in diese gesellige Tafelrunde durch den aus Oberösterreich stammenden Carl Rabl, Absolvent des Kremsmünsterer Stiftsgymnasiums und Schüler des berühmten Anatomen Josef Hyrtl, welcher lebhaften Anteil an Beethovens erster Exhumierung genommen hatte, eingeführt worden. Dort wird der Künstler im Kreis von Fachmännern seiner Verstörung starken Ausdruck verliehen haben, und dort muß auch alsbald die Idee für seine spätere Injizierung durch ein Mitglied der Runde, Richard Paltauf, entstanden sein. Die Leichenkonservierung war in der Zwischenzeit durch die Entdeckung des Formaldehyd viel einfacher geworden. Die Entnahme der inneren Organe, der Bruckner vermutlich nicht zugestimmt hätte, war nicht mehr erforderlich. Es genügten Injektionen in die Halsschlagader und die Oberschenkelarterien. Die anschließende hermetische Schließung des Sargs sorgte dann für eine sehr lange Haltbarkeit. War Mozart anonym und deshalb unauffindbar in ein »allgemeines einfaches Grab« gelegt worden (»sein Begräbnis, diese Ergebung«, notierte Loidol in seiner Vorlesungsmitschrift von 1879/80 – oben Kap. V), und waren Beethovens Überreste nur rudimentär und verstümmelt

145 Göll.-A., IV/2, 595 f.; IV/3, 250.
146 Drei Begräbnisse 2002, 174-189.

ans Tageslicht gekommen, so zeigte sich nun die Möglichkeit einer würdigen Künstlerbestattung: »Ne cadant in obscurum«. (Welche Substanzen Paltauf später tatsächlich verwendete, bleibt unklar).[147]

Zur Heimkehr: Hätte die gesellschaftliche Reputation im Vordergrund gestanden, so wäre für Bruckner nur ein Ehrengrab auf dem Wiener Zentralfriedhof in Frage gekommen (wie ein halbes Jahr später für Brahms). Doch er zieht sich zurück in einen Erfahrungsraum, der ihn von früher Jugend auf geprägt hat: In die Gruft von St. Florian, die auch heute noch nicht ohne Weiteres zugänglich ist. Sie ist der Ort der früh erlebten Totenrituale – wenn ein Abt zu Grabe getragen wurde, und wenn am Allerseelentag der Konvent zur Posaunenmusik und mit Fackeln und Kerzenschein in die Gruft hinabstieg. Zwischen der Orgel und Bruckners Wunschplatz in der Gruft aber vermittelt in der Vertikale das Gethsemane-Fresko der Kirchen-Vorhalle, das emblematisch für die ganze Angst-, Ergebungs- und Todesgeschichte Christi steht, die sich alljährlich im Ritus der Karwoche erneuert. Seit im Jahr 1880 in der abschließenden Westnische der Gruft die von einem aufgelassenen Friedhof stammenden und zunächst in der Krypta eingelagerten Gebeine wie eine Mauer aufgeschichtet worden waren, hatte der Ort an Symbolkraft noch gewonnen. Just vor dieser leicht nach hinten geneigten Mauer sollte freistehend, auf einem Sockel, Bruckners Sarkophag zu stehen kommen (Abb. 11).

Jenseits oder, wenn man so will, unterhalb aller aufklärbaren Realien und ihrer Deutung aber erahnt man eine vierte Motivationsschicht, die von einem abgründigen Grauen vor dem Allesvernichter Tod bestimmt wird, wie er gerade durch die Mauer der Gebeine seine reale und zugleich emblematische Präsenz erhält. Das unumkehrbare Verschwinden des Vaters unter der Erde, das der Zwölfjährige mitansehen mußte, scheint ein tief verstörendes, nie mehr auszulöschendes Erlebnis gewesen zu sein. Daß er später, ein neues Medium nutzend, die tote Mutter fotografieren läßt und damit »konserviert«, bevor auch sie auf immer in der Erde verschwindet, deutet darauf hin. Diesem Foto setzt er sich ein Leben

147 Bruckner-Bestände II, 75-127.

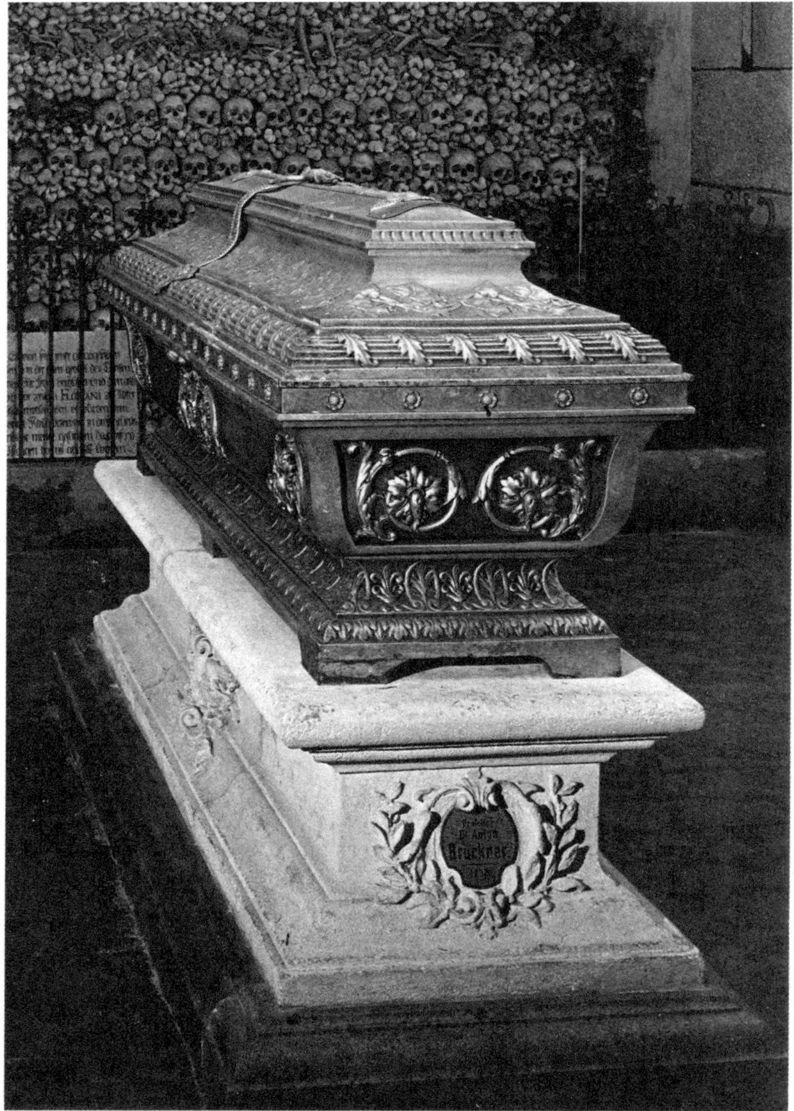

Abb. 11: Bruckners Sarkophag in der Gruft der Stiftskirche St. Florian (unbek. Fotograf)

lang aus. Auch er selbst will noch sichtbar sein, wenn in St. Florian seine zweite Aufbahrung vor dem letzten Weg in die Gruft der Stiftskirche stattfindet. Deshalb die Idee der Glasscheibe, die »die

Einsicht auf das Angesicht gewährt«, denn der innere Sarg, nach der ersten Aufbahrung in Wien verlötet, konnte aus konservatorischen und hygienischen Gründen ja nicht mehr geöffnet werden. Und auch später wird die Glasscheibe ausgewählten Personen den Blick auf das konservierte Angesicht ermöglichen (so 1921 dem jungen Bildhauer Franz S. Forster, der nach eigener Darstellung dadurch zu seiner ersten Bruckner-Büste angeregt wurde).[148]

Die Erinnerung an das Foto von der Leiche des unglücklichen mexikanischen Habsburger-Kaisers Maximilian, der hinter Glasscheiben im durch Flügel schließbaren Sarg sichtbar war, wird Bruckner auf diesen Gedanken gebracht haben (Abb. 12). Mit Maximilians Erschießung, die in die Monate seiner Nervenkrise von 1867 fiel und die just in diesem Augenblick seine Vorstellungen von weltlicher Ordnung tief erschütterte, hat er sich bekanntlich geradezu obsessiv beschäftigt – eben wegen dieser doppelten Erschütterung.[149] Hinzu kam der fantastische Gedanke, daß er vielleicht dessen Hoforganist geworden wäre.[150] Kalendernotizen noch aus späten Jahren bestätigen das.[151] Am 16. Januar 1868 – Maximilians Leiche war endlich nach Österreich übergeführt worden – schreibt er aus Linz an seinen Freund Weinwurm:

> Ich möchte um jeden Preis gerne die Leiche *Maximilians* sehen. Sei doch so gut, Weinwurm, und sende eine ganz zuverlässige Person in die Burg, am sichersten: lasse im Obersthofmeisteramte fragen, ob der Leichnam *Maximilians* zu sehen sein wird, also offen im Sarge oder doch durch Glas, oder ob nur der geschlossene Sarg zu sehen sein wird.[152]

Bleibt auch die Rekonstruktion des Motivationskomplexes für Bruckners testamentarische Bestimmungen unabschließbar, so wird doch eines ganz deutlich: sein Paragone mit dem Tod, den er in seinen letzten Jahren nicht mehr nur gedanklich, sondern zugleich auch ganz real aufnimmt. Der Gegner wird nicht verdrängt.

148 Ikonographie, 221.
149 NGA, Briefe, I, 68 (670715).
150 NGA, Briefe, I, 44 (641010/1); 47 (641018).
151 Verb. Pers., I, 399, 427; II, 330, Abb. 12, 427, Abb. 4.
152 NGA, Briefe, I, 78 (680116/1).

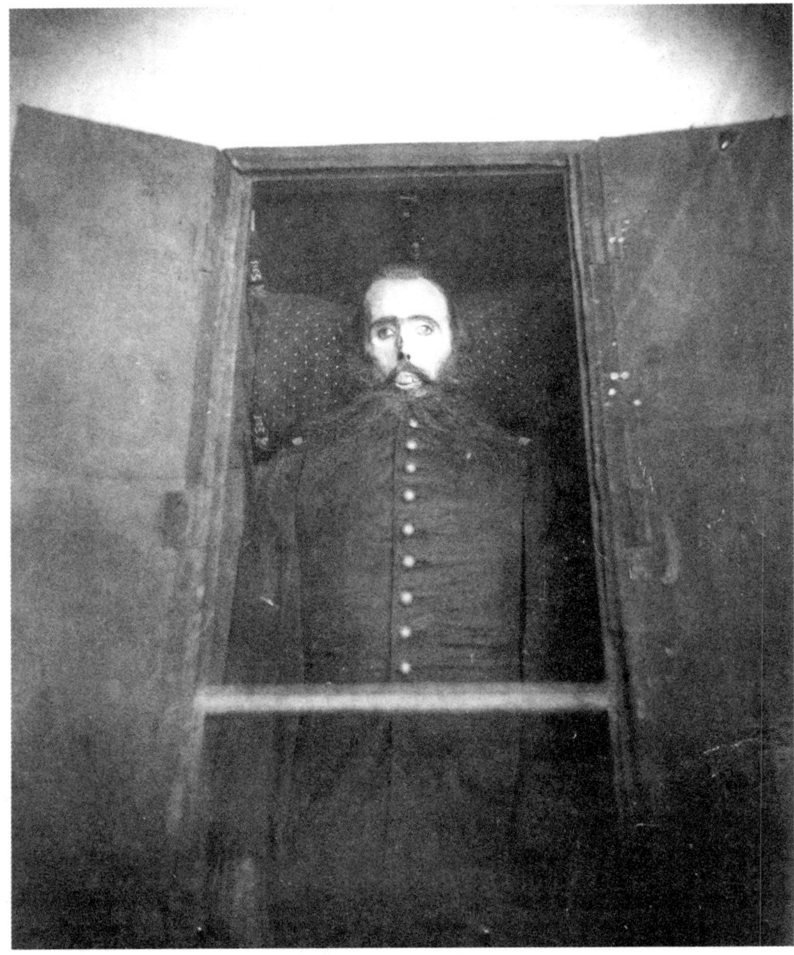

Abb. 12: François Aubert, Leichnam Maximilians von Mexiko, 1867 (nach Maximilian 2013, 49)

Das zeigt allein schon die geplante Plazierung des Sarges vor der Wand der Gebeine. Aber die Ergebung soll so weit wie möglich hinausgeschoben werden. Bruckner kämpft mit dem Gethsemane-Modell selbst, in das er sich so schnell nicht fügen will. Und er ringt dem Gegner, den er nicht besiegen kann, als Künstler eine hohe Form ab: im »Pompe funèbre« wie mit der Kunst, die noch entsteht – im Lande der Lebendigen.

Zwei Briefe, die Bruckner unmittelbar vor der Abfassung des Kodizills im September 1894 aus seinem von schweren Krankheitsschüben geprägten Sommeraufenthalt im Steyrer Pfarrhof schreibt, dokumentieren seine Einsicht, daß grundlegende Besserung nicht zu erhoffen ist. Das mag er schon lange geahnt haben, jetzt aber spricht er es aus: »Mein Herz hat mich niedergeschmettert! *Unheilbar*!!!«, schreibt er am 16.9. seinem Arzt Leopold Schrötter, der das schon lange weiß (Abb. 13).[153] Und sieben Tage später wiederholt Bruckner diese Erkenntnis in einem Brief an Hugo Wolf: »Mein Zustand ist leider *unheilbar*!«[154] Schrötters Assistent Alexander von Weismayr hatte dem Stadtpfarrer Aichinger etwa zeitgleich mit Bruckners Eintreffen in Steyr am 26. Juli unter dem Siegel der Verschwiegenheit von dessen Zustand berichtet und sehr präzise Anweisungen für die Betreuung gegeben. Dabei fiel das Verdikt »Unheilbar«.[155] Soweit wir es anhand der überlieferten Daten rekonstruieren können, handelte es sich wohl um eine schon lange vorhandene, irreparable Aortenklappeninsuffizienz, die spätestens ab 1892 manifest wurde und die die Ursache von schwerer Atemnot und bis zur Lunge aufsteigenden Wasseransammlungen war.[156] Ob Aichinger seinem Gast die Einsicht in dessen Zustand trotz des Verschwiegenheitsgebots in vorsichtigen Gesprächen nahegebracht oder ob dieser sie aus der Selbstbeobachtung gewonnen hat: Entscheidend ist der Akt ihrer Formulierung, mit dem Bruckner sich in höchster Bedrängnis auf einen neuen, radikalen Standpunkt stellt – weit mehr letzte Autonomiewahrung als bloße Larmoyanz. Die diffuse Angst von 1892 hat sich, signalisiert durch den Sprung von der Kurrent- in die lateinische Schrift (der in der Ringtheater-Notiz den Gipfel der Klimax bezeichnete) und durch die Häufung der Ausrufezeichen,

153 Nach einem Negativ im Besitz der ÖNB (PhA 2282). Der Besitzer des Briefes ist nicht bekannt.
154 NGA, Briefe, II, 292 f. (940916, 940923).
155 NGA, Briefe, II, 264 (940725).
156 Franken 1997, 124-127.

zu tiefstem Erschrecken gewandelt. Bruckner befindet sich in der ultimativen Krise. Fortan muß er in dieser Logik handeln, einer Logik des Abgrunds.

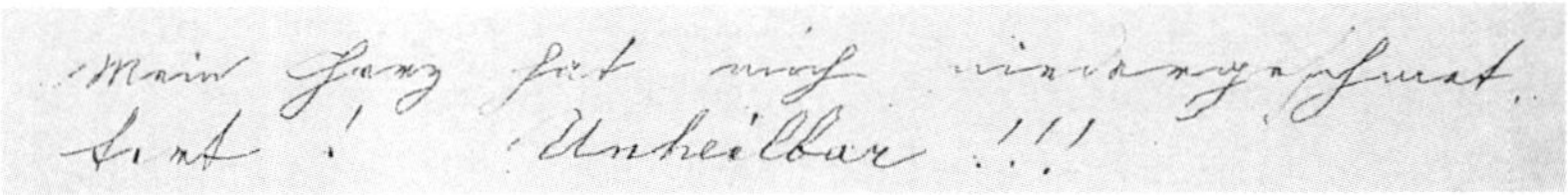

Abb 13: Aus dem Brief vom 16. 9. 1894 an Leopold Schrötter

In diese Wochen fällt ein seiner Thematik nach singulärer Eintrag in den verschollenen »Professoren- und Lehrerkalender 1893/94«, von dessen Inhalt wir durch einen Artikel von Julius Bistron im *Neuen Wiener Journal* vom 12. April 1925 Nachricht haben, wenn auch nur in einem groben Überblick.[157] Dort hat Bruckner »in besonders klarer Schrift« (deren Duktus man gerne sehen würde) notiert:

> Prof. Hyrtl 1864.
> Ist die Seele das Produkt des nach unabweislichen organischen Gesetzen arbeitenden Gehirns, oder ist dieses Gehirn vielmehr nur eine jener Bedingungen, durch welche der Verkehr eines immateriellen Seelenwesens mit der Welt im Raume vermittelt wird?

Es handelt sich um die Leitfrage von Josef Hyrtls berühmter Rektoratsrede, die zu diesem Zeitpunkt schon 30 Jahre zurücklag. In ihr plädierte der bedeutende Anatom mit hohem naturwissenschaftlich-philosophischem Argumentationsaufwand, der am Ende auch ethische und gesellschaftspolitische Aspekte einbezog und die Französische Revolution als Menetekel materialistischer Gesinnung geißelte, für die idealistische Alternative, die Existenz eines immateriellen Seelenwesens. Das rief in der Wiener liberalen Presse einen Sturm der Entrüstung hervor, freute aber alle antiliberal-katholischen Kräfte, die sich fortan gerne auf Hyrtl berie-

157 Verb. Pers. 465-471; Maier 1997, 50 f.

fen.[158] Die Rede, die rasch zur Legende wurde, erschien im wenig verbreiteten *Taschenbuch der Wiener k. k. Universität für das Jahr 1865*[159] und dann erst wieder ein Jahr nach Bruckners Tod als Separatum unter dem Titel *Die materialistische Weltanschauung unserer Zeit.*[160]

Wie kommt Bruckner an den Hyrtl-Satz? Daß er die Rede und damit die umfangreiche Argumentation für die idealistische Alternative gelesen hat, ist höchst unwahrscheinlich – allein schon aus Gründen der Erreichbarkeit des Textes und der Präokkupation durch die eigene in höchster Anspannung und Bedrängnis stattfindende Arbeit. Aber Hyrtl war am 17. Juli 1894, wenige Tage vor Bruckners Abreise nach Steyr, gestorben, und seine berühmte Leitfrage dürfte in den allfälligen Nachrufen zitiert worden sein, so z. B. in der fest in klerikalen Händen befindlichen *Steyrer Zeitung* (deren Herausgeber zeitweilig der Stadtpfarrer Aichinger war). Aus einem der Nachrufe dürfte ihn Bruckner, dem der Name Hyrtl aus der »Riedhof«-Tafelrunde geläufig gewesen sein muß, sorgfältig abgeschrieben haben. Darauf deutet auch die Eingangsnotiz »Prof. Hyrtl 1864« hin, die den Sentenz-Charakter betont.

Daß ihn Hyrtls isolierter Satz inmitten der sich anbahnenden oder schon manifesten ultimativen Krise gerade durch seine Frageform wie ein elektrischer Schlag treffen konnte, ist evident. Rief er doch mit seiner materialistischen Alternative implizit den Allesvernichter Tod auf: Ist die Seele nur das Produkt der materiellen Vorgänge im Gehirn, dann vergeht sie unwiderruflich auch mit diesem. In der Konsequenz aber wäre jede konservierende Sorge um den Leichnam nur ein verzweifelter Akt der Auflehnung gegen das Unvermeidliche. Hat die Seele aber eine Existenzform jenseits des Leibes, so lautet ja die christliche Lehre, dann müßte sich die Angst vor dem Allesvernichter in Zuversicht wandeln – und die Sorge um den Leib wäre eine sekundäre. Auch das Rätsel der Auf-

158 So in: *Der Katholik. Zeitschrift für katholische Wissenschaft und kirchliches Leben*, Bd. 14, Mainz 1865, 641-651.
159 35-75.
160 Wien u. Leipzig 1897.

erstehung des Fleisches könnte man getrost der göttlichen Vorsehung überlassen.

Hyrtls Satz trifft mitten ins unaufgelöste Spannungsfeld von Bruckners Denken, das den Vorausblick ins Unausdenkbare auszuhalten versucht. In der ultimativen Krise, in die Bruckner nun eintritt, wirkt er wie ein Katalysator. Von Gewißheit, gar von Trost findet sich hier keine Spur. »Für Bruckner [...] ist die Religion der einzige Sicherheitsaspekt, der ganz getragen hat«, glaubte Franz Grasberger in seinem Aufsatz »Anton Bruckner zwischen Wagnis und Sicherheit« resümieren zu dürfen: »Für ihn lagen hier überhaupt keine Probleme.«[161] Fraglich, ob unter den Auspizien einer solchen Disposition jemals Kunst entstanden wäre.

Am 2. März 1894 begann Bruckner nach der endgültigen Fertigstellung des Scherzos (durch die dritte, geisterhaft dahineilende Trio-Komposition in Fis) erneut die Arbeit am Adagio der *IX. Symphonie*, das er durch die Krise hindurch in zäher Arbeit und im Kampf mit einer in der zweiten Novemberhälfte erschwerend sich einstellenden Rippenfellentzündung am 30. dieses Monats zum Abschluß bringt. Zwei Mal, »bereits von den Ärzten aufgegeben«, empfängt er im Dezember die letzte Ölung, das zweite Mal am 24.12.[162] Aber nach einer überraschenden Stabilisierung nimmt er am 24. Mai 1895 das Finale in Angriff, zu dem es schon Skizzen gibt. Es wird ihn bis zu seinem Tod beschäftigen. Daß es Fragment geblieben ist, verdanken wir bekanntlich zu einem gehörigen Teil den plündernden Souvenirjägern, die unmittelbar nach Bruckners Tod einzelne Partiturbögen an sich brachten.

Die große Krise hat den Blick verwandelt. Unverkennbar sind die Referenzen des Finale-Beginns auf die Exposition des ersten Satzes. Aber aus der emphatischen, markant punktierten Aufschwungsfigur der acht Hörner nach Ces-Dur, dem Signal der harmonischen Initialzündung für alles weitere symphonische Geschehen (der »Spaltung« des bis dahin festgehaltenen Grundtons d in es und des in T. 19),[163] ist eine viertönige, rhythmisch überscharf ar-

161 Grasberger 1977, 15.

162 NGA, Briefe, II, 308 (950510); Verb. Pers., I, 457; II, 379, Abb. 65.

163 Kurth 1925, I, 563; Wohlfahrt 1943, 173; Steinbeck 1993, 54.

tikulierte, tonal schillernde Abstiegsfigur über einem Orgelpunkt auf g geworden, die erst im 13. bzw. 15. Takt kurz die Satztonart d-moll berührt (die als solche zwar vermutbar, aber noch nicht bekannt ist). Eingeschrieben ist sie in eine absteigende Sequenz aus Tritonus-Schritten der Hörner, die jene Tritonus-Folge gedehnt wieder aufnehmen, die im Schlußteil des Adagios den Nukleus der »Verwandlungsmusik«[164] bildete (T. 225/26). Dort leitete sie aus der Katastrophe zum E-Dur-Satzschluß über (darüber später). Und der in den drei Anfangstakten des Finales freiliegende Orgelpunkt g ist nichts anderes als die Mollterz des scheinbar selig verklungenen E-Dur, bei dem frühere Exegeten die Symphonie so gerne enden sehen wollten. Mit ihr setzt das Finale programmatisch ein.

Aus einer solchen »geisterbleichen Landschaft«, wie der Nordpol-Abenteurer Payer sie genannt hatte (oben Kap. II), führt der hektische Steigerungszug zum Hauptthema, der in seinen letzten vier Takten in gespenstischer Weise ein *Accelerando* mit einem *Diminuendo* kombiniert, nicht heraus: Mit machtvoller Unisonogeste und ausgreifend über fast drei Oktaven scheint es das Hauptthema des ersten Satzes überbieten zu wollen. Aber seine immer neuen, sich übersteigernden Ansätze dementieren sich selbst. Denn von den Stufen eines verminderten Septakkords d–f–as–ces aus geschieht immer das Gleiche: eine aus Sextfall und Quartanstieg bestehende scharf punktierte Absturzkette, gebildet aus der Abstiegsfigur vom Satzbeginn, die am Anfang der vierten Kaskade (ces) alle zwölf Töne der chromatischen Skala abgearbeitet hat. Ohne richtige Kadenz endet sie auf einem flüchtigen B und geht sogleich in einen Epilog über, der in f-moll schließt.

Und nun geschieht das vielleicht Bestürzendste: Die »Gesangsgruppe«, sonst Inbegriff eines thematisch neuen, im Charakter ganz anderen, blühenden Streichersatzes aus komplementären, kunstvoll ineinandergreifenden Stimmen, wie ihn in seiner wohl emphatischsten Form der erste Satz präsentierte – sie erscheint hier in kargster Faktur. Wie verloren beginnt sie mit einer Paraphrase

164 Grunsky 1907, 197; Abendroth 1940, 160.

des so spröden Hauptthemas einstimmig in den ersten Violinen, in die sich erst später in zwei Schritten, vielleicht auch nur in einem (die Textsituation ist hier nicht eindeutig),[165] ein lyrischer Kontrapunkt einschleicht – wie eine Erinnerung an ein seliges Singen, das einmal war.

Auch der Beginn der dritten Themengruppe wird mit dem bizarren, scharfkantigen Abstiegsmotiv[166] bestritten – jetzt steigend, in seiner Umkehrung, denn es bereitet das erste tatsächlich neue thematische Ereignis in diesem nun schon 176 Takte währenden wüsten, verlassenen Land vor: das Erscheinen eines in E einsetzenden machtvollen fünfzeiligen Chorals zu je acht Takten im vollen, strahlenden *fff*-Blechbläsersatz, grundiert von einer wild nieder- und auffahrenden, triolisch akzentuierten Streicherfigur, deren Herkunft aus dem Koda-Beginn des ersten Satzes (T. 519 ff.) deutlich ist. Hier ereignet sich nun stärkste Affirmation gegen extreme Negativität – und damit der am weitesten vorangetriebene Gestus des Krisenmodells. Aber schon die wilde triolische Streicherfigur, die im ersten Satz am Beginn der unversöhnt schließenden Koda stand, konterkariert die Versöhnungsgeste. Und am Ende, in den letzten vier Takten der fünften Choralzeile besorgen das die Blechbläser selbst mit einem schroffen chromatischen Abstieg der Posaunen in Halben, einer gellenden Dissonanz der Trompeten und später, in der zweifachen Verlängerung der letzten Halbzeile, auch der Hörner und Posaunen (T. 213 ff.). Nach einem zwei Takte währenden Vorhalt f–e, dem die hartnäckigen Streicher den (unteren) Leitton dis hinzufügen, bleibt im Blech ein unisones e, an das die Flöte in horizontaler Ausbreitung die leere Quint anschließt (das in der Literatur vielbeschworene *Te Deum*-Motiv, das hier gar nichts verheißt).[167] Mit einer leeren Quint schloß auch der erste Satz.

Wer versucht sein sollte, in den ersten 176 »verlassenen« Takten statt avanciertester Kunstabsicht ein ›Nachlassen der schöpferischen Kräfte‹ erkennen zu wollen, der wird spätestens durch das,

165 NGA, Bd. IX, Dokumentation des Fragments, XI.
166 Steinbeck 1993, 119.
167 Cohrs 2012, 167-173.

was von der Durchführung erhalten geblieben ist, eines Besseren belehrt: durch eine kühne Fuge aus sperrigstem Material (dem Hauptthema), an das sich ein rastloser Steigerungszug in Form eines Geschwindmarsches anschließt (T. 355). Panisch treibt er mit aufsteigenden Punktierungsketten und einer schnell voranschreitenden Achtelfigur (anfangs nur der Celli, später aller Streicher), wie sie ähnlich schon in der Durchführung des Adagios erschienen war (dort T. 93 ff.), sowie mit chromatisch steigenden Trompetensignalen im Rhythmus des Hauptthemas einen fanfarenartigen triolischen Hornruf hervor. Die Trompeten übernehmen ihn, und in den beiden ersten Hörnern verklingt er am Ende mit der wie ins Nichts greifenden Triole (T. 406): Die Toten reiten schnell. Abrupt reißt hier die Durchführung ab, gefolgt von einer Generalpause. Dann setzt die zweite Themengruppe ein.

Dem Blick auf ein verlassenes Land, eine leere Welt, den das Finale sozusagen von einem Nullpunkt aus einnimmt, korrespondieren im ganzen Werk Blicke in eine unausdenkbare Unermeßlichkeit, die von Anfang an Bruckners Thema gewesen sind, das ihn dann auch in der Bayreuther Stadtkirche vor August Riedels Gethsemane-Bild ergriff (oben Kap. IV). Es sind Schwellenblicke zurück und nach vorn. Diesseitige Katastrophe und jenseitige Unausdenkbarkeit treten in ein Spiegelverhältnis. Eine solche das ganze Werk strukturierende Perspektivierung kennt nur die *IX. Symphonie* (und das Scherzo ist geradezu ihr emblematischer Ausdruck), auch wenn insbesondere die *I. Symphonie* ein solches Strukturprinzip in nuce realisierte. Dort bestimmte im ersten Satz die Spiegelung des herrisch-labilen Posaunenthemas, eines frühen Vorläufers der Hauptthemen des Finales der *III.* und des ersten und vierten Satzes der *IX. Symphonie*, den ersten Großabschnitt der Durchführung (oben Kap. VI).

Wie eine Erinnerung an den verstörenden Jenseits- und Ewigkeitsblick des »non erit finis« im Credo der *Messe f-moll* (oben Kap. III) mutet die zeitentrückte Episode an, die im ersten Satz nach einer nur vom Pedalton d grundierten anderthalbtaktigen Pause auf das Hauptthema folgt (T. 77 ff.). Dessen Kraftgebärde führte zum tonartfremden es; sie wurde erst durch den viertaktigen choralartigen Nachsatz mit seiner Kadenz nach D-Dur in die Balance gebracht.[168] Jetzt geistert als Abbreviatur des Hauptthemas dessen charakteristischer Oktavsprung in wechselnder Bewegungsrichtung (und in flexibler Intervallik) in kurzen Holzbläser- und Hornsignalen durch einen leeren Raum, so wie es in der Messe die in sich kreisenden Fragmente der punktierten Herrschaftsfigur in den Klarinetten taten. Durch Achtelpausen unterbrochene, immer wieder abwärts laufende Pizzicato-Skalen der Streicher, die sich aus nichts »ableiten« lassen, grundieren das entrückte Geschehen; der Pedalton d gibt ihm Halt im Offenen. Die dynamisch an- und wieder abschwellende Episode endet so, daß man sie dominantisch hören kann,[169] und nach neuerlicher Pause über dem Pedalton beginnt in A die Gesangsgruppe.

Solche Spiegelungen oder Nachklänge strukturieren die Exposition des ersten Satzes, und sie bereiten am Ende einer Koda den Weg, in der sich nichts löst. Mit einer exterritorialen Episode auf einem Bordunklang f–c endet die Exposition (T. 219 ff.). Motivfragmente aus der dritten Themengruppe schlagen nach, wieder in Holzbläsern und Hörnern. Ein ostinater auftaktiger rhythmischer Impuls verfängt sich in sich selbst. In diese musette-artige Idylle greifen in Oktavsprüngen und scharfen Kleinsekund-Reibungen geisterhafte Pizzicati der zweiten Violinen ein, wie sie zuvor noch in keiner von Bruckners Symphonien zu hören waren.

Auch eine zuvor, am Ende der »Gesangsgruppe«erscheinende Episode ist völlig neu (T. 153 ff.): Über einem glitzerndern Tremolo der Streicher tritt in Oboe und Klarinette ein neues Thema auf, das sich bald als »Vorklang« des dritten Themas erweisen wird – als dessen wie körperlose, weil terzlose Umkehrung. Vier Takte lang setzt die Episode den Septakkord auf As fort, mit dem die »Gesangsgruppe« endete, dann driftet sie harmonisch ab (von »schattenhaften, merkwürdigen Harmonien« sprach schon Ernst Kurth).[170] Hörner rufen wie von Ferne (am Ende gestopft) im *pp* hinein. Konstant in der ganzen Episode bleibt der Pedalton e. Dann

168 Hinrichsen 2016, 214.
169 Steinbeck 1993, 60.
170 Kurth, II, 687.

rückt die Harmonie nach d, die dritte Themengruppe beginnt, und das Rätsel der luftigen Themengestalt findet seine Deutung.

Mit einem »diesseitigen« Kraftausbruch, dem aus den früheren Symphonien bekannten anarchischen Toben in sich kreisender Themenfragmente, nunmehr in weit vorangetriebener Ausdrucksintensität, endet die Reprise des ersten Satzes auf einem Nonenakkord (T. 493 ff.). Auf Verstörung folgen vier plus acht Takte choralartiger Besänftigung, erst in den Holz-, dann in den Blechbläsern – ein Musterfall des Krisenmodells. Dann aber wandelt sich die Szenerie ins Unwirkliche. Über dem Orgelpunkt d erscheint in den Holzbläsern kanonisch und in langen Notenwerten der erste große Oktavsturz des Hauptthemas – und in ihn hinein (in den Klarinetten) die diastematisch in die fahlen Oktaven eingeschriebene große Aufschwungsfigur aus T. 19 ff. des Satzes, die dort mit der unvergeßlichen Wendung nach Ces alles beginnen ließ. Die Streicher aber repetieren unablässig, in halbierten Notendauern, die Folgetakte des Hauptthemas mit seiner chromatisch abwärtsführenden Triole und der anschließenden Oktav. Sekundreibungen schärfen, auch in den Holzbläsern, sukzessive das Geschehen: Wie in einer Luftspiegelung erscheint, in Abbreviaturen, geisterhaft der Anfang der Symphonie wieder. Dann führt ein dreimaliger, jeweils gesteigerter Ansatz des choralartigen Hauptthemen-Nachsatzes, der dort für Stabilisierung stand und der seitdem nicht mehr erklungen war, das Koda-Ende herbei. Es hält nicht, was der schöne Nachsatz zu versprechen schien: In den Umriß von d-moll gellt in den Trompeten die Aufschwungsfigur, nunmehr diastematisch korrekt (nicht »eingepaßt« wie die Themen in der Finale-Koda der *VIII. Symphonie)*, immer wieder hinein; d und a konkurrieren mit es, g und b, bis schließlich die Trompeten »wie mit einem Aufschrei«[171] ins a einschwenken und den Satz auf der leeren Quint zu Ende bringen: »Zwischen den beiden Extremen der erhofften Versöhnung und der knapp vermiedenen Katastrophe bleibt dies eine Lösung am Rande des Abgrunds.«[172] So wird das Krisenmo-

171 Grunsky 1907, 184.
172 Hinrichsen 2016, 115 f.

dell selbst, das am Ende der Reprise prominent erschienen war, in der Perspektive einer verstörenden Spiegelwelt dementiert. Ohnehin prekäre Affirmation gerät fundamental ins Wanken. Hier wird die Schwelle manifest, auf der das ganze Werk steht.

Drei im buchstäblichen wie im metaphorischen Sinne erschütternde Akkordballungen strukturieren das Adagio, dessen Entstehungszeit den Scheitelpunkt der maximalen lebensgeschichtlichen Krise einschließt: zwei Undezimenakkorde und ein Tredezimenakkord, deren Grundtöne chromatisch von Fis über G nach Gis aufsteigen. Alle drei schlagen jeweils in einen Perspektivwechsel um, auf den sogleich oder verzögert eine choralartige Bildung folgt. Wie im langsamen Satz der *III. Symphonie* schließt sich an die Exposition des Hauptthemas sofort eine Durchführung an, die schon im zehnten Takt mit dem ersten Undezimenakkord ein Katastrophensignal setzt: Über einem Pedalton fis (der Bässe und der Pauke ebenso wie der hohen, in regelmäßigen Auftaktimpulsen flimmernden Streicher und der ersten Flöte) erscheint in den Hörnern *ff* fünf Mal der modifizierte Themenkopf mit seinem charakteristischen Nonensprung (T. 17 ff.). Aufzuckende Trompetensignale greifen in ihn ein.

Dann wechselt durch eine Halbtonrückung nach f schlagartig die Perspektive: Vier Takte lang hallen die Signale im *pp* nach; vom Themenkopf bleibt nur ein Quintfall im ersten Horn. Wenn darauf die vier mal vier Takte währende choralmäßige Sextakkordfolge der Tuben erklingt (der in der Bruckner-Anekdotik berühmte »Abschied vom Leben«), dann hält sich der flimmernde Pedalton weiterhin durch. Mit dem Wegfall der Bässe nach den ersten acht Takten erreicht er eine neue Stufe von Luzidität. Das Modell von Erschütterung und Trost, wie es der langsame Satz der *III. Symphonie* formuliert hatte, erfährt hier nicht nur eine durch kühne Harmonik bewirkte extreme Intensivierung, es wird auch, und das ist neu, situiert auf der Schwelle zum Übergang in eine andere Welt.

Analog verfährt nach dem neuerlichen Einbruch des Undezimenakkords die Durchführung, wenn sie statt der Halbtonrückung die Dur- zur Mollterz verschiebt (T. 125 ff.). Hier aber bleibt der »Trost« in Suspens. Erst in einem zweiten Durchführungsabschnitt des Hauptthemas (T. 141 ff.) antwortet eine achttaktige »visionäre Episode« (T. 155 ff.), ähnlich derjenigen im Finale der *VIII. Symphonie* (oben Kap. VII), auf eine drängende chromatische Verarbeitung des auf den Themenkopf folgenden energischen Aufstiegsmotivs. Mit den Sextakkordfolgen aus dem ersten Satzteil hat diese Episode – in charakteristischer Inversion – die Tonartenfolge b–A gemein (hier A–b). Der flirrende Pedalton entfällt. An seine Stelle tritt eine höchst bemerkenswerte zehntaktige Überleitung zur dritten Abteilung des Satzes.

Spiegelung und Nachhall sind im Adagio Elemente der Durchführung selbst, nicht bloß exterritoriale Episoden. So gleich zu Beginn, wenn das erneut exponierte Hauptthema einen Ganzton höher und zugleich mit seiner Umkehrung in der Flöte in harter dissonanter Reibung erscheint (T. 85 ff.): acht Takte wie aus einer anderen Sphäre. Frank Wohlfahrt sprach hier zu Recht von einer »wie in die Ferne des Firmaments gehobene[n] Luftspiegelung«.[173] Und wenige Takte später (T. 101 ff.) folgt im Tremolo der hohen Streicher auf fis (ohne Bässe) in extrem gespreizter Intervallik ein Nachhall jener Durchführungstakte, die in den tiefen Streichern eine Schreitfigur in Achteln einführten (T. 93 ff.): ein Moment des Durchblicks in stillgestellter Zeit. Eine analoge Schreitfigur wird dann im Finale den Geschwindmarsch vorantreiben.

Die Überleitung zum dritten Satzteil führt nun diese Blicke in ein offenes Ende (T. 163 ff.): Über pulsierenden Achteln der Oboen, später auch der Klarinetten, zuletzt sechs Takte lang auf der Dissonanz cis–dis, repetieren die hohen Holzbläser, verschränkt mit den Streichern, die chromatische, punktierte Dreitonfolge aus dem Kopf des Hauptthemas – ein outriertes Seufzermotiv. Am Ende liegt, wie in einer leeren Welt, die Holzbläser-Dissonanz frei, schlägt glockenhell und zugleich gebrochen nach, erschütternder als jede Generalpause, die sie substituiert; eine Totenglocke, die einen Sprung hat. (Als eine frühere, tastende Formulierung solcher Episoden mag der Durchführungsschluß im Finale der *IV. Symphonie* von 1879/80, T. 375-382, gelten.)

173 Wohlfahrt 1943, 191; auch Hinrichsen 2016, 116.

Dann beginnt die Musik den großen, 26 Takte währenden Steigerungszug, der zum katastrophischen Ausbruch des Themenkopfes führen wird. Bestritten wird er, abweichend vom Usus der früheren langsamen Sätze, vom zweiten Thema und seiner Umkehrung. Grundiert ist er von der Schreitfigur der Bässe und nervösen Zweiunddreißigstel-Gruppen in einer Hälfte der geteilten zweiten Violinen. Sie entstammt der Bratschenstimme des zweiten Themas (T. 53). Auf dem Kulminationspunkt der Steigerung, deren weitere pathetische Ingredienzien aus Bruckners Vokabular den Ausgang nicht eindeutig vorhersehen lassen,[174] ereignet sich die ultimative Erschütterung (T. 199): In den Umriß eines Tredezimenakkords eingefügt (»In der IX. Symphonie verwende ich Siebenklänge mit Auslassung von Terz und Quint und vollständiger Auflösung«),[175] erscheint in den Posaunen, den Fagotten und den Streicherbässen fünf Mal mit äußerster Kraft der Kopf des Hauptthemas (H–c'–h–ais-Ais), zunächst in seiner originalen, extrem dissonanzträchtigen chromatischen Gestalt, aber zudem mit dramatisch gespreiztem Aufstiegsintervall (Undezim, dann Tredezim). Die Trompeten schlagen, jeweils um einen halben Takt versetzt, imitatorisch nach, eliminieren aber den chromatischen Abwärtsgang. Ab T. 203 repetieren die Posaunen im Wechselspiel mit den Trompeten und in auswegloser Verkettung nur noch den unvergeßlichen Sprung der kleinen Non, mit dem der ganze Satz begann. Am Ende (T. 206) steht der vollständige Tredezimenakkord als ein Extremmoment harmonischer Implosion, in dem alle Ausdrucksintervalle und Motivfragmente untergegangen sind – chaotisch, nicht nivellierend. Das ist, nach dem vorläufigen Resultat der Koda des ersten Satzes, eine zweite Antwort auf den leer-triumphalistischen Schluß der *VIII. Symphonie* – und eine neue Ausgangslage für die Konzeption des Finales. Unaufgelöst hallt der furchtbare Akkord in einer Generalpause nach: Der Schreckensgedanke der Vernichtung ist buchstäblich im Material realisiert. Faktur und Semantik sind unmittelbar identisch, real und emblematisch zugleich. Biographi-

174 Steinbeck 1993, 41 f., 109 f.
175 Schwanzara 1950, 169.

sche Todesangst (»Unheilbar!«) ist objektiviert zu abgründigem Erschrecken. So entsteht Kunst auf der äußersten Grenze.

Ein gewichtiges strategisches Element in Bruckners Steigerungsarsenal ist die aufsteigende Kadenzkette aus den Stufen VI, V und I, die durch Umdeutung von I zu VI beliebig fortgesetzt werden kann: ein pathetischer Gestus des Aufblicks, der auf dem Höhepunkt des Adagios der *VII. Symphonie* seinen größten Triumph gefeiert hatte. Dieser Aufblick kommt auch hier, in erweiterter Form, vier Takte lang zum Einsatz, bevor er sich zu einem bedrängenden chromatischen Anstieg verdichtet (T. 191 ff.). Wolfram Steinbeck hat in einem ingeniösen Längsschnitt durch Bruckners Œuvre gezeigt, wie diese Klangfolge ursprünglich mit dem »Kyrie eleison« und dem »Dona nobis pacem« in der *Messe d-moll* (und in der Retrospektive mit dem »Lacrymosa« aus Mozarts *Requiem*) verbunden ist, und wie sie weit ins Werk hineinwirkt. Tritt sie nun hier, am Ende des Weges, noch einmal auf, so markiert sie die Fallhöhe von vertrauensvoller, sich aufrichtender Hoffnung oder gar Emphase zur Annihilation.[176]

Wie aber steht es um den Trost oder, abstrakter, die Restitution? Die Steigerungsbewegung zu den beiden Undezimenakkorden in Exposition und Durchführung hatte Bruckner für die letzte große Steigerung nicht erneut aufgerufen und stattdessen das Material der zweiten Themengruppe gewählt. Jetzt aber, nach dem fürchterlichen Nachhall des »Siebenklangs«, erscheint ihre erste Version (T. 9 ff.), und zwar zunächst identisch. Aber an die Stelle des Ausbruchs der Hörner und Trompeten tritt ein viertaktiges gleißendes Plateau aus Tremoli der hohen Streicher, Dreiklangsbrechungen und dem verkürzten und zugleich ostinaten Kopf des Hauptthemas im Rahmen eines Nonenakkords – keine Katastrophe mehr, aber doch alles andere als eine Entspannung, ein Blick vielmehr in eine ungewisse andere Welt. An dieses Plateau schließt sich, unter dem flirrenden, auftaktig akzentuierten Liegeton e, ein fortwährendes tonales Gleiten,[177] eine Verwandlungsmusik an (T. 219-230;

176 Steinbeck 1999.
177 Kurth, II, 231.

Notenbeispiel 11).[178] In dieses Gleiten klingt – in der Funktion des tröstenden Chorals – die Umkehrung des zweiten Themas in Sextakkorden hinein. Das alles aber bleibt, trotz des verheißungsvollen Liegetons e (der aber in T. 225/226 von einer signifikanten Tritonus-Sequenz suspendiert wird, die später der trostlose Beginn des Finales wieder aufnimmt) instabil und schwach. Zudem wird die Passage acht Takte lang von den nervösen Zweiunddreißigstel-Gruppen aus dem großen Steigerungszug grundiert. Erst die letzten zwölf Takte münden in ein beruhigtes, strahlendes E-Dur ein. Auch wenn Bruckner hier vielleicht tatsächlich zitatweise auf die *VIII.* und *VII. Symphonie* zurückblickt und damit dem kurzen Schluß ein besonderes semantisches Gewicht verleiht, bleibt angesichts der größten symphonischen Katastrophe, die er je inszeniert hat, die prekäre Frage nach der Balance.

Welches letzte Wort hat oder hätte hier das Finale, in dem alles, was wir von ihm haben, im Modus der Brechung auftritt, mit seiner Koda gesprochen? Hätte Bruckner noch einmal, wie im Finale der *VIII. Symphonie,* triumphalistisch die Themen um den Preis der Nivellierung ihrer Individualität übereinander getürmt? Oder hätte er das abgründige Erschrecken, die ultimative Krise, die das Signum der ganzen Symphonie ist, bis zum bitteren Ende geführt? Die erhaltene Skizze eines harmonischen Verlaufs, die nach einem sieben Takte währenden Undezimenakkord nur noch den Orgelpunkt d notiert, hilft hier nicht weiter.[179] Über dem Orgelpunkt hätte, wie in der Koda des ersten Satzes, Überraschendes geschehen können. Wir wissen es also nicht. Und deshalb verbieten sich alle Rekonstruktionsversuche. Wohl aber ist deutlich, daß eine Widmung an den »lieben Gott« auf der hier realisierten Sprachhöhe der Verstörung Blasphemie gewesen wäre. Nichts davon steht konsequenterweise in der Partitur. Der »tiefe Denker« Bruckner, wie ihn ein hellsichtiger Kritiker verstand, und der fromme Beter, wie ihn die Gebetsaufzeichnungen der Notizkalender zeigen,[180]

178 Nach Grunsky 1907.
179 NGA, Bd. IX, Dokumentation des Fragments, 83.
180 Kosch 1964.

Notenbeispiel 11

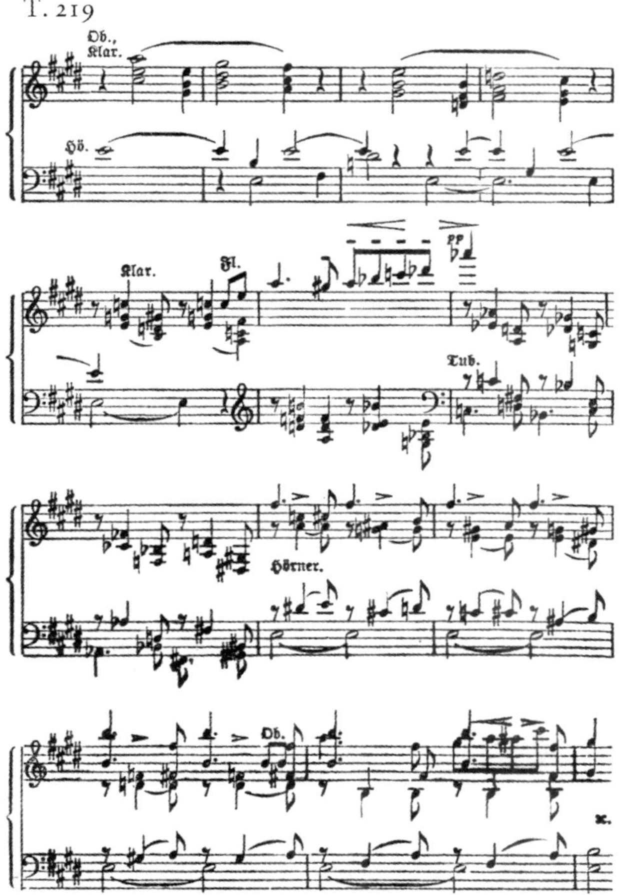

kommen nicht zur Kongruenz. Das aber ist der Grund, aus dem Kunst hier überhaupt entsteht.

Am 24. September 1896 berichtet Josef Schalk, der übereifrige Verbesserer von Bruckners Symphonien, seinem Bruder Franz von Bruckners Zustand:

> Von Bruckner kann ich dir nur sehr Trauriges melden: Sein Geist ist zerfallen, zerstört u. immer mehr nimmt ihn das Gespenst des religiösen Wahnsinns gefangen, er macht einen grauenhaften Eindruck […] Bei mei-

> nem letzten Besuche (vor den Ferien), ließ er mich nach einigen Worten unbeachtet stehen u. rezitierte krampfhaft mit Wiederholung der einzelnen Sätze immer wieder laut das Vater unser. Ich hatte Mühe meine Erschütterung zu verbergen und schlich mich weg.[181]

Was Schalk hier als »religiösen Wahnsinn« deuten zu müssen glaubt, stellt sich vielmehr als zugespitztester Ausdruck eines Kampfes zwischen Vernichtungsangst und Glaube dar – als ein lebensgeschichtlich ultimatives Gethsemane. Denn ist nicht die ostinate Rezitation der *Vater unser*-Sätze gleichsam die Errichtung einer Palisade gegen den Ansturm eines abgründigen Denkens, das dem Frommen nicht ansteht? Einen überscharfen Begriff gibt eine genaue Lektüre der Palisaden-Szene aber auch von dem, was zu Recht »verborgene Persönlichkeit« genannt worden ist: Der Adept Schalk (dem die Ölberg-Allusion wohl in fataler Weise nur unterlaufen ist) schleicht sich weg wie die Jünger im Garten von Gethsemane, denn er begreift die Szene nicht. In die Struktur von Bruckners künstlerischem Handeln dringt er nicht ein. In diesem kritischen Horizont wären alle Anekdoten und »Erinnerungen« der Zeitgenossen, wenn man sich dann doch noch einmal mit ihnen beschäftigen wollte, zu lesen – auch die Widmung an den »lieben Gott«.

Als der Bruckner-Privatschüler und spätere (technisch wie philosophisch professionell gebildete) Industrielle Friedrich Eckstein 1923 seine *Erinnerungen an Anton Bruckner* modellierte, da entwickelte er zumindest eine Ahnung von dieser den anderen Autoren verborgen gebliebenen Logik künstlerischen Handelns. Ob der junge Eckstein dank eines ›zufälligen‹ Zusammentreffens auf der Straße tatsächlich den Ringtheaterbrand gemeinsam mit Bruckner als Zuschauer erlebt und durchgestanden hat, mag dahingestellt bleiben (13 Jahre später wird er in seinen Memoiren *»Alte unnennbare Tage!«* eine völlig andere Erzählung der Geschehnisse liefern, in der Bruckner gar nicht vorkommt).[182] Hinter Bruckners Nord-

181 NGA, Briefe, II, 334 (960924).
182 Eckstein 1936, 84.

pol-Faszination und dessen »verblüffenden« positiven geographischen Detailkenntnissen, von denen auch andere berichtet haben, aber entdeckt er die Dimension einer bis zur Verstörung geforderten Einbildungskraft. Bruckner habe »immer wieder, nicht ohne Zeichen innerer Erregung, von den Eisfeldern Grönlands und Nowaja Semljas« erzählt. Ecksteins eindringlichster Bericht aber gilt Bruckners tiefer Prägung durch die Liturgie der Karwoche: »Wenn Bruckner, in seltenen Augenblicken, auf diese Dinge zu sprechen kam, dann wurde sein Gesicht schmäler und nahm einen eigenen, ganz veränderten Ausdruck von Furcht und schmerzlicher Entzückung an.«[183]

183 Eckstein 1923, 5 f., 18, 23.

Nur noch skizziert werden können hier Überlegungen, die an die Identifikation der Krisenstruktur von Störung und Restitution anschließen. Diese tritt nicht nur an der von Wolfram Steinbeck im Rahmen einer im Prinzip stabilen Formarchitektur ausgemachten Lizenz-Stelle, dem Ende der dritten Themengruppe der Ecksätze, auf, sondern kann, wie gezeigt wurde, sich überall manifestieren (oben Kap. VI). Diese potentielle Ubiquität hat dann zur Rede von einer Superstruktur, gar von einer Habitusform des Brucknerschen Komponierens geführt. Aber was bewirkt ihr Auftreten für die formale Disposition der einzelnen Symphonie-Sätze und für die Dynamik ihrer Unterabschnitte? Im ersten Satz der *I. Symphonie* stört sie empfindlich die Proportionen von Expositionsende und Durchführung; in der Reprise kehrt sie nicht wieder. Im Finale der *III. Symphonie* wird sie umgekehrt von einer triumphalistischen Koda zielstrebig und konstruktiv in Dienst genommen. In der Durchführung des ersten Satzes der *V. Symphonie* wird der Choral aus der Adagio-Einleitung zu ihrer Besänftigung zu Hilfe gerufen, nachdem sich die internen Balance-Versuche als prekär erwiesen hatten. In der zweiten Fassung der *VIII. Symphonie* spannt sie einen extrem konfliktgeprägten Bogen vom ersten zum letzten Satz (oben Kap. VII). Kurz: Die Krisenstruktur tritt in ein spannungsvolles Verhältnis zur Satz- und Symphoniestruktur ein, in dem sich die Binnenspannung einer herzustellenden, aber nie erreichten Balance zwischen einem »Zu stark« und einem »Zu schwach« auf der nächsthöheren Ebene reproduziert. Deshalb kann man zu Recht von einer Superstruktur sprechen. Damit erscheint aber das Stereotype, das »Schematische« der Form (das selbst der Bruckner-Schüler Franz Schalk zu erkennen glaubte und an dem sich noch Wolfram Steinbeck in kritischer und zugleich apologetischer Absicht abarbeitete)[184] in einem anderen Licht – und zwar in doppelter Hinsicht: Das Vorurteil eines starren Formdenkens wird durch die Erkenntnis dieser sowohl interferierenden wie umklammern-

184 Steinbeck 1993, 15 ff.

den dynamischem Superstruktur revidiert, und was an Zutreffendem von ihm bleibt, das hat seine Funktion in der Stabilisierung eines tendenziell chaotischen Geschehens.

Hierher gehört auch Bruckners in der zweiten Hälfte der 1870er Jahre einsetzende und von metrischen Studien an Beethovens dritter und neunter Symphonie begleitete Überprüfung der metrischen Struktur seiner Symphonien,[185] die auf die Herstellung geradzahliger Takteinheiten zielte. »Rhythmisch geordnet« notierte er gern nach vollbrachter Arbeit. Man hat viel über dieses eigentümliche Verfahren nachgedacht, das sich so einseitig auf einen einzelnen Parameter konzentriert (sieht man einmal von der schulmeisterlichen Jagd auf Quint- und Oktavparallelen ab). Aber vielleicht traute Bruckner gerade diesem zu, der Satzstruktur die Stärke zu geben, die sie zum stabilen Widerpart in der Anstrengung der Balance werden läßt.

Das Krisenmodell ist ein Modell der Diskontinuität. Polare Ausdrucksgestalten stehen, oft durch eine Generalpause akzentuiert, gegeneinander. Die musikalische Sprache springt von Komplexität zu Einfachheit, von inszeniertem Chaos zu einfacher Positivität oder zu forcierter Affirmation. In der Dimension der Satz- und Symphoniestruktur reproduziert sich dieses Verhältnis. Hat man dies erkannt, dann hat man den Schlüssel zum Verständnis jeder Bruckner-Kritik in der Hand, deren Leitbild die Organizität, die »Folgerichtigkeit« des musikalischen Satzes ist, das im Ideologem der »innermusikalischen Logik« gipfelt – eine Kritik, die sich vorzugsweise auf Brahms beruft. Eine andere Logik tritt hier hervor. Sie realisiert sich nicht in der Erfüllung eines Einheitspostulats, das auf dem Wege engster, kontinuierlicher Vermittlung aller Motiv- und Formdimensionen erfüllt werden soll, sondern im steten, unabschließbaren Kampf um Balance. Die Idee der Einheit aber geht dabei nicht verloren. Versteht man Balance als ihren wenn auch schwachen Abglanz, die Anstrengung der Balance als von ihr geleitet, dann verweist diese doch immer auf ihren Ursprung als ein

185 Verb. Pers., I, 24-26; II, 31-33, Abb. 5-7. Im Anschluß daran Untersuchungen zur eigenen *IV. Symphonie*.

ideales Ziel zurück. Die »visionären Episoden« im Finale der *VIII.* und im Adagio der *IX. Symphonie* mögen besonders eindringlich artikulierte Chiffren für dieses Ziel sein.

XI. Nachwort zur zweiten Auflage

In verschiedene Richtungen habe ich zentrale Themen dieses im Jahr 2017 in erster Auflage erschienenen Buches, für dessen zweite Auflage nur einige Fehler korrigiert wurden, in der Folge weitergetrieben:

1. *VII. Symphonie*

2017 standen die c- und d-moll-Symphonien im Zentrum. An ihnen (und am Beispiel des »cujus regni non erit finis« im Credo der *Messe f-moll*) entwickelte ich das dramatische Krisenmodell der »prekären Balance« überschießender, tendenziell chaotischer Kräfte in gewaltigen rhythmischen und tonalen Ballungen mit kleinen Gesten der Beruhigung, die nichts beruhigen. Aber Bruckner verfügt auch, wie ich 2020 in einer Studie zu zeigen (und damit die Ankündigung in der Einleitung einzulösen) versucht habe, über einen leichten, ja witzigen Umgang mit dieser »Superstruktur« (s. S. 124), sozusagen auf einer reflektierten Metaebene – und dafür steht, neben Passagen der *VI.*, vor allem die *VII. Symphonie*.[186] Allein schon deren capricciohaftes, kurzes Finale (Scherzo und Finale zusammen sind genau so lang wie jeweils einer der ersten beiden Sätze) signalisiert einen souveränen Umgang mit einem Symphoniekonzept, das mit (über)gewichtigen Finalsätzen Affirmation erzwingen will. Die dramaturgischen Gewichte sind drastisch verschoben.

Gleich im ersten Satz, im Übergang zur dritten Themengruppe, inszeniert Bruckner »eine der gewaltigsten Steigerungen überhaupt« (Ernst Kurth). Über einem Orgelpunkt auf fis baut er eine Terzenschichtung bis zu einem Tredezimakkord auf, aus dem ohne Generalpause *pianissimo* ein eintaktiges Gebilde von scherzohafter Idiomatik herausspringt. Die Berge kreißen und gebären eine Maus. Oder anders gesagt: Statt eines angekündigten Erhabenen

186 Kohrs 2020/1.

erscheint das Groteske. Das Krisenmodell ist, vor allen Inhalten und auf der Strukturebene, ein Modell der Disproportionaliät und der Diskontinuität. Spiegelungen, Störung der Proportionen und Diskontinuität sind auch die Merkmale der so strahlenden E-Dur-Symphonie. Aber was bei den c- und d-moll-Symphonien Verstörung und Affirmation oder Erschütterung und Trost heißen konnte, das ist hier Pathos und Spiel – Bruckner in bester Laune. Im Finale tanzen in grotesk-übergroßem Maß, unter Hinzunahme der Wagner-Tuben aus dem Adagio, Riesen, die mit der filigranen (Finale-)Version des Symphonie-Hauptthemas auf ihre Art ein Spiel treiben.

2. »Dem lieben Gott«

Dass nach der Katastrophe des Adagios und auf der im Finale der *IX. Symphonie* realisierten Sprachhöhe der Verstörung eine Widmung an den lieben Gott Blasphemie gewesen wäre (s. S. 120), war eine starke These, die der Ausarbeitung bedurfte. Zum einen waren sämtliche erreichbaren Fakten zur angeblichen Widmung neu zu bewerten, zum anderen war die Strukurlogik von Widmung erstmals genau in den Blick zu nehmen.[187]

Es gibt, wie bekannt, von Bruckner selbst kein einziges Dokument zur Widmungsabsicht oder gar zur Widmung, nur Zeitungs- und Erinnerungsberichte Dritter, aus denen sich immerhin Bruckners Beschäftigung mit der Widmungsidee bei allen Akzentverschiebungen klar erkennen lässt. Eine gründliche Auswertung des im Archiv der Medizinischen Universität Wien befindlichen Nachlasses von Dr. Richard Heller, Bruckners letztem behandelnden Arzt, brachte neben neuen Erkenntnissen zur Krankengeschichte den Fund eines bisher nicht veröffentlichten Erinnerungsprotokolls vom 18. August 1895, das Heller unmittelbar nach seiner Visite niedergeschrieben hat. Es ist, bei allen Rätseln, die es aufgibt, die ultimative Quelle:

187 Kohrs 2020/2.

> Wir sprachen heute wieder über seine letzte die IX Symphonie, die er »dem lieben Gott« aus Dankbarkeit gewidmet hat. Im 2. Teil ist ein herrliches »Te Deum« enthalten und er sagte mir, daß er wie Beethoven in seiner IX das Lied an die Freude hat, er als Schluss das Te Deum variieren würde. Drei Majestäten habe er bereits verherrlicht, Ludwig von Bayern, unseren Kaiser und nun komme er zur grössten Aufgabe seines Lebens, »die Verherrlichung vom lieben Gott« – nur ungern musste ich von ihm scheiden. –

Das Gespräch, in dem »Verherrlichung« zu einem zentralen Begriff wird, fand knapp 14 Monate vor Bruckners Tod statt. Danach gibt es nichts Stichhaltiges mehr. Die Widmung an lebende gekrönte Häupter war mit diesen auszuhandeln: Protektion des Werks und seines Schöpfers durch den Widmungsträger war der Grund oder das Ziel des Künstlers, kulturelle Prestigesteigerung die Gegengabe für den Mäzen. Idealerweise spiegelte sich der Widmungsträger im Werk: Ludwig II. in der *VII. Symphonie* mit ihrer Trauermusik für den geliebten »unsterblichen Meister« Richard Wagner, Franz Joseph I. im großen Heimat-, Reichs- und Welttheater der *VIII.*, in dem er ein mächtiger Akteur war. Wie aber sollte der Prozess der Aushandlung mit dem »lieben Gott« vonstatten gehen, und sollte der sich im wüsten Land, im grimmig-sinistren Scherzo, in den Katastrophen der *IX. Symphonie* spiegeln? Hier war also die Lage kategorial anders, Verherrlichung als solche rückte ins Zentrum, und hierfür war in der Tat das *Te Deum* jenseits aller stilistischer Differenzen geeignet – inhaltlich, nicht musikalisch. Im Werk selbst aber fand sie nicht mehr statt. Wie hätte sie auch aussehen sollen, um der Blasphemie zu entgehen? Und so steht im Autograph einfach nichts.

3. Weltende

Nicht zu deuten vermochte ich Bruckners von Ernst Schwanzara protokollierte Äußerung: »Im 4. Satze meiner VIII. Symphonie kommen die Posaunen zum Zeichen des letzten Gerichts an das Ende« (s. S. 95 f.). Reprisenende und Koda des Finales kommen dafür nicht in Frage. Wie aber, wenn das Rätsel aus einem Hörfehler des Protokollanten entstand und Bruckner »[…] zum Zeichen des Letzten Gerichts am Weltende« gesagt hat? Dann hätte er auf den katastrophischen Höhepunkt der dritten Themengruppe der Exposition des vierten Satzes hingedeutet, und die Botschaft an den Kaiser als den Widmungsträger wäre klar: Über jeder weltlichen Herrschaft steht eine Instanz, vor der am Weltende Rechenschaft abzulegen ist. Der Künstler ist es, der diese Perspektive in einem Werk, das alle kleine und große Historie an ihren innerweltlichen Platz verweist, zu formulieren weiß.[188]

4. Biographik

August Göllerichs Anekdoten- und Erinnerungsberichts-Sammeleifer, den ich in meinem Buch explizit und implizit (durch Verschweigen) einer radikalen Kritik unterziehe, mündete nach schier endlosen Aufschüben 1922 in den Publikationsbeginn der vielbändigen, von Max Auer fortgeführten Bruckner-Biographie und sorgte dort für die »zuckergußartige Hülle« (s. S. 8 f.). Auer selbst, Erich Schwebsch, Richard Wetz, Franz Gräflinger, vorher schon Ernst Decsey waren zur Stelle, als es galt, den Bruckner-Jubiläumsjahren 1921 und 1924 einen Publikationsschub zu bescheren. Göllerich stilisierte sich zum erstberufenen Apostel auf der Orgelempore der Stadtpfarrkirche von Enns (»Da traf mich zum ersten Male seines Auges Strahl«). Auer, der Bruckner gar nicht mehr gekannt hatte, spielte den Augenzeugen einer sein Buch eröffnenden Szene im Stephansdom, die den greisen Bruckner als Mystiker etabliert und die das Strukturmuster für Auers spätere Beschreibung des Anfangs der *IX. Symphonie* liefert (oder umgekehrt): »Über dem vom Streichertremolo über 19 Takte ausgehaltenen Orgelpunkt auf der Tonika zeichnen acht Hörner unisono das erste Thema. Plötzlich durchbricht ein Lichtstrahl mit überirdischem Glanze das Dunkel; eine Vision zeigt dem Verzückten

188 Kohrs 2020/2, 160.

Ziel und Weg zur Erreichung des Höchsten. Hier zeigt sich uns Bruckner wieder als Mystiker […]«. Dass daraus die Legende entstand, der Mitte August 1887, unmittelbar nach dem Abschluss der *VIII.*, in St. Florian konzipierte Symphoniebeginn sei einer mystischen Empfängnis im Stephansdom zu verdanken, zeigt nur die verheerende Wirkung solcher Geschichten.[189] Die Linzer Tagung »Biographische Bruckner-Bilder« im Jahr 2022 gab Anlass zu einer Untersuchung der Biographie-Anfänge bei August Göllerich, Max Auer, Ernst Decsey, Oskar Loerke und L. G. Bachmann, die signifikant jeweils ein Brucknerbild festlegen.[190]

Bis hin zu Peter Gülkes einst hoch geschätztem Bruckner-Essay reicht der fatale, von Auer begründete und unter vielen anderen von Loerke fortgeführte Traditionsstrang der Rede vom Mystiker Bruckner.

5. Ergebung

Franz Xaver Müller, Augustiner-Chorherr von St. Florian und Linzer Domkapellmeister, der als Florianer Sängerknabe Bruckner noch erlebt hatte, hat einen Erinnerungsbericht hinterlassen, der den dritten Begriff im Gethsemane-Modell, die Ergebung (s. S. 59 f.), bestürzend illustriert. Bei meiner Untersuchung der Rolle des Stifts in Bruckners zweiter Lebenshälfte stieß ich darauf.[191] Der Bericht wirft ein Licht auf Bruckners Gebetsverhalten, von dem Franz Schalk wenige Wochen vor dessen Tod so schockiert war (s. S. 121 f.) und das er als »religiösen Wahnsinn« deuten zu müssen glaubte. Der Text verstärkt auch die Vermutung, dass Bruckner (kulturell bedingt) in festen Formen zu und nicht in freiem Dialog mit Gott gebetet hat. Sein alter Freund und als überzeugter Cäcilianer sein musikalischer Widerpart, der Florianer Regens Chori Ignaz Traumihler, war im Oktober 1884 gestorben, und Bruckner eilte zum Begräbnis aus Wien herbei. Der junge Müller trifft ihn am Ein-

189 Kohrs 2024/1.
190 Kohrs 2024/2.
191 Kohrs 2024/1.

fahrtstor des Stifts und begleitet ihn zum aufgebahrten Traumihler: »Mit Tränen in den Augen trat er an den Verewigten heran und begann mit aller Inbrunst halblaut das Vaterunser zu beten. Bei der Bitte ›dein Wille geschehe!‹ hält er inne, seufzt bitter auf und wiederholt dann diese Worte neunmal hintereinander. Dann führt er das Vaterunser zu Ende.« Das habe sich »mit immer sich steigernder Andacht und Ergebung« fünf Mal wiederholt. Auch wenn die genauen Gebetszahlen in diesem Bericht verwundern mögen: Eine solche Szene kann man nicht erfinden. Bruckner in Gethsemane.

München im Februar 2024

Abendroth 1940
Abendroth, Walter: *Die Symphonien Anton Bruckners*, Berlin 1940
Adorno 1960
Adorno, Theodor W.: *Mahler. Eine musikalische Physiognomik*, Frankfurt am Main 1960
Auer 1927
Auer, Max: *Anton Bruckner als Kirchenmusiker*, Regensburg 1927
Auer 1941
Auer, Max: *Anton Bruckner. Sein Leben und Werk*, Leipzig 1941
Blume 2001
Blume, Jürgen: »Bruckners Einfluß auf die Kirchenmusik des 20. Jahrhunderts«, in: Hg. Friedrich Wilhelm Riedel, *Anton Bruckner. Tradition und Fortschritt in der Kirchenmusik des 19. Jahrhunderts*, Sinzig 2001, 359-388
Bruckner-Bestände II
Die Bruckner-Bestände des Stiftes St. Florian. Katalog, Teil 2, Hgg. Elisabeth Maier, Renate Grasberger, Wien 2015
Buchmayr 2015
Buchmayr, Friedrich, »Prälatengang Nr. 5 – Anton Bruckner als Gast im Stift St. Florian«, in: Hgg. Andreas Lindner, Klaus Petermayr, *Bruckner-Jahrbuch 2011-2014*, Linz 2015, 7-14
Charwochenbuch
Das Charwochenbuch der katholischen Kirche. In einer neuen Übersetzung mit erklärenden Einleitungen und Anmerkungen, Hg. Jakob Rudolph Khünl, Wien [1]1817, [2]1851
Cohrs 1995
Cohrs, Gunnar: »Die Trompetenstimme in der Adagioclimax der Letztfassung der Dritten Symphonie«, in: Hg. Othmar Wessely, *Bruckner-Jahrbuch 1991/92/93*, Linz 1995, 25-29
Cohrs 2012
Cohrs, Benjamin-Gunnar: *Das Finale der IX. Symphonie von Anton Bruckner*, Wien 2012
Dahlhaus 1988/2003
Dahlhaus, Carl: »Bruckner und die Programmmusik. Zum Finale der Achten Symphonie«, in: ders., *Gesammelte Schriften*, Bd. 6, Laaber 2003, 717-737 (zuerst in: *Anton Bruckner. Studien zu Werk und Wirkung*, Fs. Walter Wiora, Tutzing 1988, 7-32)

Drei Begräbnisse 2002
Drei Begräbnisse und ein Todesfall. Beethovens Ende und die Erinnerungskultur seiner Zeit, Kat. Bonn/Kassel, Beethoven-Haus Bonn 2002
Dümling 1999
Dümling, Albrecht: »Der deutsche Michel erwacht. Zur Bruckner-Rezeption im NS-Staat«, in: Hg. Albrecht Riethmüller, *Bruckner-Probleme,* Stuttgart 1999, 202-214
Eckstein 1923
Eckstein, Friedrich: *Erinnerungen an Anton Bruckner*, Wien/New York 1923
Eckstein 1936
Eckstein, Friedrich: »*Alte unnennbare Tage!*«, Wien/Leipzig/Zürich 1936
Fellinger 1911
Fellinger, Maria: *Brahms-Bilder*, Leipzig [2]1911
Fellinger 1988
Fellinger, Imogen: »Die drei Fassungen des ›Christus factus est‹ in Bruckners kirchenmusikalischem Schaffen«, in: Hg. Othmar Wessely, *Anton Bruckner und die Kirchenmusik. Bruckner-Symposion Linz 1985*, Linz 1988, 145-153
Floros 1980
Floros, Constantin: *Brahms und Bruckner. Studien zur musikalischen Exegetik,* Wiesbaden 1980, 182-229
Flotzinger 1975
Flotzinger, Rudolf: »Rafael Loidols Theoriekolleg bei Bruckner 1879/80«, in: Hg. Othmar Wessely, *Bruckner-Studien*, Wien 1975, 379-431
Franken 1997
Franken, Franz Hermann: *Die Krankheiten großer Komponisten*, Bd. 4, Wilhelmshaven 1997, 85-132
Friesenhagen 1969
Friesenhagen, Andreas: *Die Messen Ludwig van Beethovens. Studien zur Vertonung des liturgischen Textes zwischen Rhetorik und Dramatisierung*, Köln 1996
Göll.-A.
Göllerich, August; Auer, Max: *Anton Bruckner. Ein Lebens- und Schaffensbild*, Bde. I-IV, Regensburg 1922-1937

Grasberger 1977
Grasberger, Franz: »Anton Bruckner zwischen Wagnis und Sicherheit. Aspekte einer Bildrevision«, in: Hg. ders., *Bruckner-Symposion Linz 1977*, Linz 1978, 11-17
Grasberger/Partsch 1991
Grasberger, Renate; Partsch, Erich Wolfgang: *Bruckner – skizziert. Ein Porträt in ausgewählten Erinnerungen und Anekdoten*, Wien 1991
Grunsky 1907
Grunsky, Karl: »Anton Bruckner. Neunte Symphonie«, in: Hg. ders., *Bruckner's Symphonien* (= Meisterführer Nr. 4), Berlin 1907
Gülke 1989
Gülke, Peter: *Brahms – Bruckner. Zwei Studien*, Kassel 1989
Haas 1934
Haas, Robert: *Anton Bruckner* (= *Die großen Meister der Musik*, Hg. Ernst Bücken), Potsdam 1934
Henrich 2015
Henrich, Dieter: *Sterbliche Gedanken. Dieter Henrich im Gespräch mit Alexandru Bulucz*, Frankfurt am Main 2015
Henrich 2016
Henrich, Dieter: *Sein oder Nichts. Erkundungen um Samuel Beckett und Hölderlin*, München 2016
Hinrichsen 1999
Hinrichsen, Hans-Joachim: »Bruckners Wagner-Zitate«, in: Hg. Albrecht Riethmüller, *Bruckner-Probleme*, Stuttgart 1999, 115-133
Hinrichsen 2004
Hinrichsen, Hans-Joachim: »Anton Bruckner, VIII. Symphonie c-moll. Reductio ad abstractum oder die Konzeption sinfonischer Monumentalität«, in: Hgg. ders., Laurenz Lütteken, *Meisterwerke neu gehört. Ein kleiner Kanon der Musik*, Kassel u. a. 2004, 220-237
Hinrichsen 2016
Hinrichsen, Hans Joachim: *Bruckners Symphonien*, München 2016
Horton 2004
Horton, Julian: *Bruckner's Symphonies. Analysis, Reception and Cultural Politics*, Cambridge 2004
Ikonographie
Bruckner-Ikonographie, Teil 1, Hg. Renate Grasberger, Graz 1990

Kaiser/Jahn 2008

Kaiser, Ikarus; Jahn, Michael: *Das historische Notenarchiv des Linzer Doms* (= Veröffentlichungen des RISM Österreich A/10), Wien 2008

Kalbeck 1912

Kalbeck, Max: *Johannes Brahms*, Bd. III/2, Berlin 1912

Keller 1984

Keller, Rolf: »Die letztwilligen Verfügungen Anton Bruckners«, in: Hg. Othmar Wessely, *Bruckner-Jahrbuch 1982/83*, Linz 1984, 95-114

Kirkendale 1970/83

Kirkendale, Warren: »Beethovens Missa Solemnis und die rhetorische Tradition«, in: Hg. Ludwig Finscher, *Ludwig van Beethoven* (= Wege der Forschung, Bd. CDXXVIII), Darmstadt [2]1983, 52-97

Kirsch 1958

Kirsch, Winfried: *Studien zum Vokalstil der mittleren und späten Schaffensperiode Anton Bruckners*, Frankfurt am Main 1958

Kohrs 2020/1

Kohrs, Klaus Heinrich, »Pathos und Spiel. Bruckners 7. Symphonie als Capriccio«, in: Hgg. Andres Lindner, Klaus Petermayr, *Bruckner-Jahrbuch 2018-2020*, Linz 2020, 121-141

Kohrs 2020/2

Kohrs, Klaus Heinrich, »›… wenn er's annimmt‹. Hat Bruckner seine 9. Symphonie dem ›lieben Gott‹ gewidmet?«, in: ebd., 143-175

Kohrs 2024/1

Kohrs, Klaus Heinrich, »›…da ich dort am ruhigsten componiren kann…‹. Die Rolle des Stifts in Bruckners zweiter Lebenshälfte«, in: *Anton Bruckner & Sankt Florian*, Hg. F. Buchmayr, F. Diergarten, Salzburg 2024 (im Druck)

Kohrs 2024/2

Kohrs, Klaus Heinrich, »›Da traf mich zum ersten Male seines Auges Strahl‹. Anfänge von Bruckner-Biographien«, in: *Bruckner in der Biographik. Bruckner-Symposion Linz 2022. Bericht*, Graz 2024 (im Druck)

Korstvedt 2000

Korstvedt, Benjamin M.: *Anton Bruckner: Symphonie No. 8*, Cambridge 2000

Kosch 1964
Kosch, Franz: »Der Beter Anton Bruckner. Nach seinen persönlichen Aufzeichnungen«, in: Hg. Franz Grasberger, *Bruckner-Studien*, Wien 1964, 67-73
Kurth 1925
Kurth, Ernst: *Bruckner*, Bde. I u. II, Berlin 1925
Leyrer 1956
Leyrer, Max: *Anton Bruckner. Essay*, Graz/Wien 1956 (= Dichter der Gegenwart 41)
Mahler, Briefe
Mahler, Gustav: *Briefe*, Hg. Mathias Hansen, Leipzig [2]1985
Maier 1997
Maier, Elisabeth: »A hidden personality: access to an ›inner biography‹ of Anton Bruckner«, in: Hgg. Timothy L. Jackson, Paul Hawkshaw, *Bruckner Studies*, Cambridge 1997, 32-53
Maier 2009
Maier, Elisabeth: *Anton Bruckner als Linzer Dom- und Stadtpfarrorganist. Aspekte einer Berufung*, Wien 2009
Maier 2013
Maier, Elisabeth: »›Und kirchli‹ is' do' nöt?‹ Bruckners *Messe f-moll* (WAB 28) zwischen Kirche und Konzertsaal«, in: Hgg. Elisabeth Maier, Erich Wolfgang Partsch, *Anton Bruckners Messen. Bericht über die Tagung Wien, 29. und 30. April 2010*, Wien 2013, 113-128
Maier 2014
Maier, Elisabeth: »Zu Bruckners Passionslied ›*In jener letzten der Nächte*‹ (WAB 178)«, in: Hg. Internationale Bruckner-Gesellschaft, *Studien und Berichte, Mitteilungsblatt*, 82, Juni 2014, 5-9
Maximilian 2013
Kat. *Maximilian von Mexiko. Der Traum vom Herrschen*, Hg. Ilsebill Barta, Wien 2013
NGA
Bruckner, Anton: *Sämtliche Werke. Kritische Gesamtausgabe*, Hgg. Generaldirektion der Österreichischen Nationalbibliothek und der Internationalen Bruckner-Gesellschaft, 1951 ff.
NGA, Briefe
Bruckner, Anton: *Sämtliche Werke. Briefe*, Hgg. Andrea Harrandt, Otto Schneider, Wien 1998 u. 2003 (= NGA Bd. 24, 1 u. 2)

Nowak 1965/85
Nowak, Leopold: »Der Name ›Jesus Christus‹ in den Kompositionen von Anton Bruckner«, in: ders., *Über Anton Bruckner. Gesammelte Aufsätze*, Wien 1985, 77-87
Nowak 1968/85
Nowak, Leopold: »Anton Bruckner und München«, in: ders., *Über Anton Bruckner. Gesammelte Aufsätze*, Wien 1985, 96-102
Nowak 1973
Nowak, Leopold: *Anton Bruckner. Musik und Leben*, Linz 1973
Nowak 1988
Nowak, Leopold: »Anton Bruckners Kirchenmusik«, in: Hg. Othmar Wessely, *Anton Bruckner und die Kirchenmusik. Bruckner-Symposion Linz 1985*, Linz 1988, 85-93
Oevermann 2007
Oevermann, Ulrich: »Für ein neues Modell von Kunst- und Kulturpatronage«, in: Hgg. ders., Johannes Süßmann, Christine Tauber, *Die Kunst der Mächtigen und die Macht der Kunst. Untersuchungen zu Mäzenatentum und Kulturpatronage*, Berlin 2007, 13-23
Oevermann 2016
Oevermann, Ulrich: »›Krise und Routine‹ als analytisches Paradigma in den Sozialwissenschaften« (=Abschiedsvorlesung Frankfurt am Main 2008), in: Hgg. Roland Becker, Andreas Franzmann, Axel Jansen, Matthias Jung, *Die Methodenschule der Objektiven Hermeneutik. Eine Bestandsaufnahme*, Wiesbaden 2016, 43-114
Orel 1934
Orel, Alfred: *Entwürfe und Skizzen zur IX. Symphonie*, Leipzig 1934
Payer
Payer, Julius: *Die österreichisch-ungarische Nordpol-Expedition in den Jahren 1872-1874, nebst einer Skizze der zweiten deutschen Nordpol-Expedition 1869-1870 und der Polar-Expedition von 1871*, Wien 1876
Ransmayr
Ransmayr, Christoph: *Die Schrecken des Eises und der Finsternis*, Frankfurt am Main 1987
Redepenning 1998
Redepenning, Dorothea: »I. Symponie in C-Moll«, in: Hg. Renate Ulm, *Die Symphonien Bruckners*, München, Kassel 1998

Röder 2010
Röder, Thomas: »Die *Dritte* und *Vierte Sinfonie*«, in: Hg. Hans-Joachim Hinrichsen, *Bruckner-Handbuch*, Stuttgart, Weimar 2010, 151-177
Saint-Saëns 1913
Saint-Saëns, Camille: »Le Requiem de Berlioz«, in: *École Buissonnière. Notes et Souvenirs*, Paris s. d. [1913], 209-216
Scheder 1996
Scheder, Franz: *Anton Bruckner Chronologie*, Bde. I u. II, Tutzing 1996 (laufend aktualisiert in www.abil.at unter *Anton Bruckner Chronologie Datenbank*)
Scheder 2009
Scheder, Franz, »Zur Entwurfsfassung 1881 von Anton Bruckners ›Te Deum‹«, in: *Bruckner – Vokal, Bruckner-Tagung Steyr 2003*, Hgg. Roland Bachleitner, Erich W. Partsch, Linz 2009,
Scholz 1961
Scholz, Horst-Günther: *Die Form der reifen Messen Anton Bruckners*, Berlin 1961
Schuler 2001
Schuler, Manfred: »Bruckners Requiem und das St. Florianer Repertoire musikalischer Totenmessen«, in: Hg. Friedrich Wilhelm Riedel, *Anton Bruckner. Tradition und Fortschritt in der Kirchenmusik des 19. Jahrhunderts*, Sinzig 2001, 125-138
Schwanzara 1950
Schwanzara, Ernst: *Anton Bruckner. Vorlesungen über Harmonielehre und Kontrapunkt an der Universität Wien*, Wien 1950
Schwarz-Roosmann 2006
Schwarz-Roosmann, Oliver: *Luigi Cherubini und seine Kirchenmusik*, Köln 2006
Sittner 1964
Sittner, Hans: »Anton Bruckner und die Gegenwart«, in: Hg. Franz Grasberger, *Bruckner-Studien*, Wien 1964, 99-104
Stephan 1981
Stephan, Rudolf: »Zu Anton Bruckners Dritter Symphonie«, in: Hg. Franz Grasberger, *Bruckner-Symposion »Die Fassungen«*, Linz 1981, 65-73, 91-96
Steinbeck 1993
Steinbeck, Wolfram: *Anton Bruckner. Neunte Symphonie d-moll* (= Meisterwerke der Musik, H. 60), München 1993

Steinbeck 1999
Steinbeck, Wolfram: »›Dona nobis pacem‹. Religiöse Symbolik in Bruckners Symphonien«, in: Hg. Albrecht Riethmüller, *Bruckner-Probleme*, Stuttgart 1999, 87-96

Steinbeck 2010
Steinbeck, Wolfram: »Von den ›Schularbeiten‹ bis zur *Zweiten Sinfonie*«, in: Hg. Hans-Joachim Hinrichsen, *Bruckner-Handbuch*, Stuttgart/Weimar 2010, 110-150

Stifter, Werke
Stifter, Adalbert: *Sämtliche Werke,* Bd. 19 (= Briefe Bd. 3), Reichenberg 1923

Stolzenberg 2018
Stolzenberg, Jürgen, »Bruckners Gott. Zum Adagio der Neunten Symphonie«, in: *Musik&Ästhetik, 22. Jg., H. 86*, April 2018, 8-29

Tauber 2007
Tauber, Christine: »Der Künstler als Höfling: Rosso Fiorentinos Bild ›Moses verteidigt die Töchter des Jethro‹ als Allegorie einer gelungenen Patronagebeziehung«, in: Hgg. Ulrich Oevermann, Johannes Süßmann, dies., *Die Kunst der Mächtigen und die Macht der Kunst*, Berlin 2007, 127-150

Verb. Pers.
Maier, Elisabeth: *Verborgene Persönlichkeit. Anton Bruckner in seinen privaten Aufzeichnungen.* I: Textübertragungen und Kommentar; II: Abbildungen, Wien 2001

Wagner 1983
Wagner, Manfred: *Bruckner. Leben – Werke – Dokumente*, Mainz/München 1983

Wagner
Wagner, Richard: *Mein Leben*, Bde. I u. II, Leipzig 1958

Wald-Fuhrmann 2010
Wald-Fuhrmann, Melanie: »Geistliche Vokalmusik«, in: Hg. Hans-Joachim Hinrichsen, *Bruckner-Handbuch*, Stuttgart/Weimar 2010, 224-289

Williamson 2004
Williamson, John: »The Brucknerian symphony: an overview, in: Hg. ders., *The Cambridge Companion to Bruckner*, Cambridge u. a. 2004, 79-91

Wohlfahrt 1943
Wohlfahrt, Frank: *Anton Bruckners sinfonisches Werk*, Leipzig 1943
Zehentreiter 1997
Zehentreiter, Ferdinand: »Adornos materiale Formenlehre im Kontext der Methodologie der strukturalen Hermeneutik – am Beispiel einer Fallskizze zur Entwicklung des frühen Schönberg«, in: Hg. Giselher Schubert, *Biographische Konstellation und künstlerisches Handeln*, Mainz 1997, 26-60

Dank

Dieter Henrich, Ulrich Oevermann, Rafael Rennicke, Christine Tauber und Ferdinand Zehentreiter haben diesen Essay kritisch gelesen und aus ihrer jeweiligen Perspektive gleichermaßen durch minutiöse Kritik wie durch Ermutigung wesentlich zur Endfassung des Textes beigetragen – wichtig für ein multiperspektivisch angelegtes Unternehmen, das Strukturhomologien zwischen kargen biographischen Daten und der Musik jenseits eines schlechten Biographismus zu rekonstruieren versucht und das sich in eine »natürliche Metaphysik« des Nichts vorwagt. Dank des Engagements meines Verlegers KD Wolff, der schon meine zwischen 2003 und 2014 entstandene Berlioz-Trilogie unter seine Obhut genommen hat, kann der Essay nun erscheinen.

Eine der besten Bruckner-Kennerinnen, Elisabeth Maier, war in kollegialer Weise zur Stelle, wenn ich Hilfe benötigte. Ihr gebührt ein ganz besonderer Dank. Martin Kleineidam, ehemals Pfarrer an der Stadtkirche Bayreuth, danke ich für hilfreiche Anmerkungen zu August Riedels Ölberg-Gemälde in »seiner« von Bruckner gern besuchten Kirche. Ihm verdanke ich auch das hier veröffentlichte Foto. Thomas Leibnitz, dem Direktor der Musiksammlung der Österreichischen Nationalbibliothek in Wien, und seiner Mitarbeiterin Andrea Harrandt danke ich für Abdruckgenehmigungen und Unterstützung. Krista Profanter war hilfreich bei der Herstellung der Abbildungen.

Eine höchst anregende Diskussion mit Jürgen Stolzenberg im Anschluß an seinen Vortrag »Über den religiösen Gehalt des Adagios der 9. Sinfonie von Anton Bruckner«, den er im Januar 2017 beim Festkolloquium zum 90. Geburtstag von Dieter Henrich in der Münchner Carl Friedrich von Siemens Stiftung hielt, konnte in meinem Manuskript leider keinen Niederschlag mehr finden. Verwiesen sei aber auf die in Kürze zu erwartende Publikation in der Zeitschrift *Musik&Ästhetik*.

Gewidmet ist dieser Essay dem Andenken an meinen Freund Augustinus Franz Kropfreiter, dem 2003 verstorbenen Stiftsorganisten von St. Florian, den ich 1962 kennenlernte, als er gerade drei brillante Orgel-Partiten über das ihn sein Leben lang nicht loslassende Todesthema geschrieben hatte. Unvergeßlich bleiben mir die scharfe Präzision seines musikalischen Denkens und aus späteren Jahren seine Interpretationen von Bruckners Messen, die sich diesem Denken verdankten. Nur in der Beurteilung des Finales der *IX. Symphonie*, in dem er ein Nachlassen von Bruckners Kräften erkennen wollte, waren wir uneins. So möge das neunte Kapitel dieses Textes eine späte Replik sein.